La Médiation en entreprise

Faciliter le dialogue
Gérer les conflits
Favoriser la coopération

Arnaud STIMEC

2e édition

Préface de Jacques Salzer

DUNOD

Du même auteur

La négociation, Topos, Dunod, 2005.

ISBN 978-2-10-050766-5

À Isabelle, Élina, Matteo et B3

Remerciements

À Jacques Salzer, Michel Ghazal et Thomas Fiutak, pour avoir chacun contribué à mon parcours.

Aux relecteurs d'une première version : Jacques Faget, Jean-Édouard Gresy, Jean Natiez, Philippe Pajeot.

À Yves Bourron pour son soutien amical quant à la présente version.

Aux médiateurs, stagiaires, cadres et utilisateurs de la médiation qui m'ont fait confiance.

Ce qui suit reste évidemment la pleine responsabilité de l'auteur.

Préface

L'AUTRE étant aussi important que MOI, comment penser les dialogues constructifs ? Comment des médiateurs en entreprise ou entre entreprises passent-ils de la réflexion à l'action ? En faisant, par leur bienveillance à l'égard de toutes les parties, émerger les bien-fondés cachés derrière leurs positions/arguments. Ces positions/arguments sont agressivement renvoyés par l'un ou l'autre, posé comme « ayant tort » (le premier « ayant raison »). L'« ayant-tort » rentre facilement dans le même jeu en retour. Le médiateur organise alors l'échange des « bien-fondés » et pas seulement celui des « mal fondés » que se renvoient les parties en situation conflictuelle.

- Dans le licenciement pour faute grave, comment le médiateur peut-il faire que chacun, de sa place, comprenne ce qui a amené l'un à la faute et l'autre au licenciement ? La solution trouvée en médiation (réintégration dans un autre poste, où la personne concernée est plus compétente et a moins de risques d'erreur, ou accompagnement adapté du départ) ne peut être prise par un juge qui n'a de mission qu'« en droit » (licenciement justifié ou pas) mais aucune latitude sur la gestion des postes en entreprise. Alors qu'en médiation, on peut traiter « tous » les aspects d'un différend.
- Dans ces différentes logiques (service production, service commercial, service informatique…), qui s'affrontent et s'opposent depuis des mois, comment un médiateur extérieur peut-il faire apparaître

les bien-fondés de chacun et un ensemble de solutions reprenant les « bonnes idées » des uns et des autres, rendues compatibles alors qu'on les croyait incompatibles ?

- Voilà que deux associés par moitié se font des reproches réciproques. B reproche à A de travailler beaucoup moins que lui ; A reproche à B ses méthodes de travail. Leur relation se détériore et ils ne se parlent même plus et, lorsqu'ils se parlent, ils ne font que se réitérer ces reproches. Comment le médiateur arrive-t-il (après une étude précise des temps de travail de l'un, des résultats des méthodes de l'autre) à déboucher sur une modification des parts et des fonctions de chacun et à offrir une perspective de reprise, échelonnée dans le temps, des parts du plus âgé par le plus jeune. L'accord semble fonctionner dans la durée et les relations reprennent.

Intégrant aussi les besoins des groupes et organisations dans les systèmes au travail, à travers ressemblances et différences, objectifs communs et divergents, comment les inter« médiaires » de paroles peuvent-ils, sur ce pont qui porte leurs différences, chercher le semblable en l'autre pour régler leur différend ?

C'est tout le propos du présent ouvrage, fruit du travail obstiné d'Arnaud Stimec, qui s'intéresse à la médiation depuis une quinzaine d'années. Il a formé des centaines de médiateurs : médiateurs pénaux, familiaux, sociaux, médiateurs d'entreprise, et enquêté auprès de plusieurs centaines de responsables en entreprise pour mieux cerner la place et les perspectives de la médiation en entreprise. Il a eu l'énergie d'en faire une thèse, soutenue et appréciée devant des pionniers de cette « autre méthode de dialogue » : Étienne Leroy et Hubert Touzard[1]. Son travail de médiateur, de formateur et de chercheur est devenu ce livre.

Le lecteur y trouvera une approche rigoureuse que l'auteur aborde en parlant de « médiateurs professionnels ». Or ceci est encore en débat.

1. Étienne Leroy est professeur d'anthropologie du droit à l'université de Paris I. Hubert Touzard est professeur de psychosociologie à l'université de Paris V. Tous deux ont été les premiers à publier des ouvrages sur le thème de la médiation, revenu dans l'actualité, il y a près de trente ans.

Faut-il professionnaliser ou faire que chacun puisse ponctuellement jouer un rôle de médiateur en plus de sa profession ? C'est cette seconde situation que l'auteur appelle le « manager-médiateur ». Mais tout manager a aussi des responsabilités de gestion et de décision. Il a un rôle d'autorité. Peut-il l'abandonner ponctuellement pour gérer sincèrement, avec neutralité et impartialité, un projet, une relation ou un différend dans son service ou entre services ? C'est le mérite de l'auteur de traiter avec rigueur ces questions de fond, de fournir outils, techniques, exemples..., de nous faire réfléchir sur les résistances et sur les limites de la médiation, de nous ouvrir ainsi le champ de ces possibilités.

Cette approche permet ainsi d'appréhender ce que les entreprises, qu'elles soient petites, moyennes ou grandes pourraient en faire et que tous les partenaires sociaux pourraient reprendre pour faire avancer leur propre projet. Car il est dans l'esprit de la médiation de travailler à comprendre les contradictions, non pour les éviter mais pour les gérer.

Qu'il soit ici remercié, ainsi que sa femme et ses enfants, pour le temps passé à enquêter, recevoir des informations, les penser, les transformer et les livrer pour que la médiation, en entreprise comme ailleurs, soit une référence quotidienne.

Jacques SALZER
Maître de conférences à l'université de Paris-Dauphine
Formateur en médiation à l'université de Paris IX

Table des matières

Introduction

La référence à la médiation est devenue de plus en plus fréquente au point d'en faire un phénomène à la mode. Comme naguère l'animation (de réunion, de quartier, de soirée...). L'entreprise n'échappe pas à ce phénomène, d'autant que l'actualité, comme les exigences de l'économie globale, font de la médiation un atout important. Pourtant, avec l'engouement, se cachent derrière un même mot des pratiques très diverses, qui ne sont même parfois qu'un nouvel habillage. Le mot médiation désigne couramment trois choses :

- l'intervention d'un tiers dans un conflit, une négociation ou un dialogue ;
- le positionnement comme intermédiaire (que l'on pourrait appeler intermédiation) ;
- ce qui a trait aux médias (que l'on pourrait appeler médiatisation).

Ce livre s'intéresse au premier usage, qui est aussi l'usage traditionnel[1]. L'entreprise est concernée au premier plan par la capacité à permettre à ses acteurs de dialoguer, négocier... pour dépasser les problèmes ou les conflits mal gérés qui font obstacle à son développement. De nombreuses entreprises disparaissent ou perdent leur leadership, faute d'avoir su

1. Les confusions encore possibles et fréquentes à ce niveau (conciliation, arbitrage...) seront examinées dès le premier chapitre.

gérer les conflits ou jeux de pouvoir. Il suffit de penser aux conflits de direction (par exemple l'affaire Gemplus), aux grèves dures et coûteuses pour chacun (Air France), aux rivalités entre services ou collègues... qui font partie de notre quotidien.

Face à tous ces enjeux, la médiation ne se présente pas comme un remède miracle mais comme une carte à jouer dans le cadre d'un management de négociation et de responsabilisation. La médiation peut se pratiquer, avec adaptation, à tous les niveaux et par la plupart des acteurs de l'entreprise. Le médiateur peut être un intervenant spécialisé, par exemple pour un litige interentreprises, une grève ou une plainte pour harcèlement moral. Le médiateur peut aussi être un manager agissant occasionnellement dans le cadre de son service ou de ses missions (à certaines conditions que nous détaillerons au fil des pages). En revanche, même s'il y a une parenté, la médiation doit très clairement être distinguée de la conciliation.

Ce livre s'adresse tout d'abord aux **managers** qui veulent développer leur fonction de médiateur occasionnel. On peut penser en particulier aux responsables des ressources humaines (souvent en position d'interface), aux responsables de projets (souvent amenés à faire fonctionner ensemble des personnes variées sans pouvoir hiérarchique unifié), aux responsables de service ou d'équipes, aux responsables qualité... Les **médiateurs professionnels** pourront trouver ici un cadre et une méthodologie d'intervention. Ce livre pourra aussi aider les **prescripteurs** et partenaires de la médiation (**avocats, représentants du personnel...**) à mieux cerner les enjeux de la médiation.

Pour faciliter la transposition de certains principes pour les managers, médiateurs occasionnels, des encarts spécifiques sont insérés dans le texte lorsque cela est nécessaire.

CHAPITRE 1

La médiation et son développement en entreprise

Qu'est-ce que la médiation ?

La médiation est un processus de négociation, facilité par un tiers n'exerçant pas de pouvoir de décision, ayant pour finalité de permettre aux parties concernées de réaliser un projet, de résoudre une situation conflictuelle ou de rétablir/établir une relation.

Une telle définition peut bien entendu être discutée et critiquée. La critique vient souvent d'une conception spécifique de la négociation qui serait limitée à la dimension du marchandage économique. Au contraire, négocier est entendu ici d'une manière large pour désigner toute situation où il s'agit de *s'entendre* (tomber d'accord) *sur quelque chose*. Ce quelque chose peut être plus ou moins tangible (une vente, le choix d'un projet… ou la qualité d'une prestation, la manière dont quelque chose s'est passé…). Cela concerne potentiellement toute situation où il y a dialogue en vue de faire aboutir un projet, dépasser un conflit, créer de la coopération. De même, il y a souvent une conception négative du conflit qui se confond avec ses manifestations. J'ai défini plus bas le conflit d'une manière très large, ce qui permet d'affirmer que le besoin de soutien d'un tiers se justifie le plus souvent par un conflit latent ou au contraire ouvert.

Ce que n'est pas la médiation

La spécificité de la médiation n'est pas tout à fait aisée à saisir. Il est donc naturel qu'elle soit parfois assimilée à d'autres approches pourtant bien distinctes. Les explications ci-dessous devraient permettre de la distinguer d'autres postures et processus voisins.

Médiation et processus voisins

➤ Médiation et négociation

L'idée de négociation est maintenant assez communément admise en entreprise. La médiation en est à ce titre un prolongement (faciliter la négociation et le dialogue en tant que tiers) mais doit être distinguée de la négociation. Le médiateur n'est pas un négociateur, il n'est pas partie prenante mais il a – ou se donne – une certaine extériorité (au moins en ce qui concerne l'enjeu présent). Cette posture peut tout à fait être annexe ou transitoire. Par exemple, un chef de projet peut avoir à agir comme médiateur (informel) entre deux codécideurs dont les différends paralysent le projet. Une fois ce différend réglé, il se peut qu'il ait à négocier avec eux sur d'autres points. Ce changement de casquette est délicat et l'on comprend bien que les situations les plus complexes ou les plus sensibles soient prioritairement réservées à des professionnels extérieurs – qui peuvent être plus facilement garants des principes fondamentaux de la médiation (notamment la confidentialité, la neutralité...) et de la maîtrise du processus.

➤ Médiation et arbitrage

Tout manager doit à certains moments rendre des arbitrages (c'est-à-dire des décisions hiérarchiques). Le terme d'arbitrage est plus fréquemment utilisé lors du recours à un tiers pour des litiges commerciaux (à ne pas confondre avec l'arbitre en sport bien que certains traits soient similaires). Comme le médiateur, l'arbitre en matière commerciale est une tierce partie, mais il lui est confié le pouvoir de trancher un litige. Il peut décider en droit ou en équité. L'arbitrage peut être proposé au moment d'un conflit ou être décidé au préalable dans le cadre d'accords sur le règlement des conflits. La décision est, selon les cas, impérative ou a une valeur morale (voire simplement indicative). On peut considérer l'arbitrage comme une forme de justice privée à laquelle les parties ont accepté de soumettre leur différend. Que ce soit un manager ou un professionnel dans les relations commerciales, l'arbitre écoute les parties pour finalement trancher lui-même, et non pas pour les aider à décider entre elles (comme c'est le cas en médiation). Les « médiateurs » des assurances, des banques (mais aussi de la SNCF, de la République...) sont en fait pour la plupart des arbitres dont l'arbitrage a une valeur morale mais non coercitive. Leur mission implique parfois aussi un rôle d'intercesseur. Ils sont appelés « ombudsman » dans la plupart des pays occidentaux et le terme « médiateur » est certainement source de confusion (même s'ils peuvent ponctuellement agir comme médiateur au sens où nous l'entendons ici).

Il existe par ailleurs aux États-Unis des formes hybrides « Med-Arb » (le tiers tente de rapprocher les parties en agissant comme médiateur, et en cas d'échec, il rend un arbitrage) ou Arb-Med (le tiers rend un avis que les parties ont le droit de renégocier entre elles, et avec l'aide du tiers, mais qui s'imposera en cas de désaccord persistant). Nous pouvons rapprocher cette situation du responsable hiérarchique ayant à trancher le litige entre deux de ses subordonnés. Il peut utiliser cette prérogative et se placer en tant qu'arbitre. Il peut aussi utiliser son pouvoir pour créer un espace de négociation sans prendre lui-même la décision (au moins dans un premier temps). Il agit alors comme médiateur informel.

➤ Médiation et transaction

Si la transaction et la médiation ont des points communs (la discussion autour de la manière de régler un problème), elles présentent aussi de grandes différences. La transaction n'implique le plus souvent pas de tiers neutre. En pratique, il s'agit souvent d'avocats qui vont discuter ensemble d'une manière de concilier les droits et intérêts de leurs clients[1]. Il y a recherche de compromis, quelque part entre les estimations des

1. Si deux parties en conflit cherchent directement une transaction sans recours à leur avocat, il s'agit sans confusion possible avec la médiation, d'une négociation directe.

différents avocats. Il s'agit donc d'une forme de négociation particulière, essentiellement distributive (ce que l'un gagne, l'autre le perd, souvent à propos d'une somme d'argent) et plutôt fondée sur le droit et les intérêts pécuniaires. En médiation, le tiers ne négocie pas directement pour le compte d'une partie (comme l'avocat qui peut être mandataire), mais aide les deux parties à négocier ou s'expliquer. Enfin, en droit, la transaction désigne un type de contrat et un résultat, et non pas, comme la médiation ou la négociation, un processus.

➤ Médiation et animation

Médiation et animation ont en commun d'avoir profité à des moments différents d'effets de mode et de flous comparables. À partir des années 1970, la notion d'animation devient un enjeu majeur et beaucoup d'acteurs se requalifient comme animateurs (d'équipe, de réunion, de voyages touristiques, de quartiers...). Une partie de ces animateurs, avec l'émergence de la médiation, ont été rebaptisés médiateurs, d'où des confusions possibles (les animateurs de quartiers sont souvent désormais appelés des médiateurs de quartier, en entreprise, certains responsables de communication se sont rebaptisés médiateurs). Les animateurs ont par ailleurs parfois à gérer des situations conflictuelles ou communicationnelles complexes, ce qui peut renforcer la confusion (il n'est d'ailleurs pas exclu qu'ils puissent avoir ponctuellement une posture de médiateur au sens où nous l'entendons ici).

Le fond et la forme de la mission restent cependant très différents. L'animateur doit le plus souvent s'adresser à un groupe pour le distraire ou dynamiser et canaliser des initiatives. Il a une fonction préventive indéniable (un groupe livré à lui-même peut rapidement tomber dans une relation conflictuelle). Il n'a pas, comme le médiateur, compétence et mission de s'occuper prioritairement des enjeux conflictuels ou d'accompagner des communications complexes. À titre d'exemple, un médiateur va remplacer un animateur de réunion lorsqu'il y a des tensions collectives et/ou interpersonnelles particulières, qui constituent un obstacle aux techniques habituelles d'animation. Il est alors souhaitable d'avoir des compétences à la fois d'animation et de médiation.

➤ Médiation et conciliation

Il s'agit de la distinction la plus difficile et la plus controversée. Il est en effet possible de distinguer deux courants parmi ceux qui tentent de distinguer médiation et conciliation. Le premier courant indique que la médiation est une étape ultérieure, plus interventionniste que la conciliation, voire essentiellement centrée autour de la formulation de recommandations. Au niveau juridique, il s'appuie notamment sur les textes du code du travail. On retrouve cette même distinction dans les relations industrielles (ou professionnelles) en Grande-Bretagne, aux États-Unis ou au Canada jusque dans les années 1970.

Une grande partie de la littérature française actuelle mais aussi américaine[1] postule exactement le contraire. Au niveau du droit français, on se fonde cette fois sur le code civil qui donnerait au conciliateur de justice la possibilité d'être plus interventionniste, de chercher à se faire une opinion pour résoudre, tandis que le médiateur (tel qu'il est défini dans les procédures de médiation judiciaire civiles ou commerciales) aide les parties à résoudre elles-mêmes le conflit.

Certains auteurs ont proposé quelques critères pour différencier les deux termes. Aussi, il est possible de percevoir dans la médiation un processus centré sur une méthode alors que la conciliation serait centrée sur un objectif[2] : concilier. La médiation serait plus formelle et impliquerait la présence d'un tiers alors que la conciliation peut avoir lieu sans régulation extérieure[3].

Au-delà des termes, la nature plus ou moins interventionniste des médiateurs ou conciliateurs est cependant identifiée comme un facteur important de différenciation. Certains médiateurs (ou conciliateurs) ont une démarche plus active (propositions, conseils, avis...), tandis que pour d'autres, il s'agit essentiellement d'encadrer et d'organiser les discussions. Il est possible, avec Deborah Kolb[4], de distinguer les médiateurs « orchestrateurs » et les conciliateurs, plutôt « accordeurs », c'est-à-dire qui poussent à l'accord.

1. Voir par exemple Bonafé-Schmitt J.P., *La Médiation, une justice douce*, Syros-Alternatives, Paris, 1992 ou Moore C.W., *The Mediation Process*, Jossey-Bass, San Fransisco, 1996.
2. Faget J., *La Médiation : essai de politique pénale*, Ramonville, Érès, 1997, p. 13.
3. Bonafé-Schmitt J.P., *in* « Conciliation civile et médiation sociale », *Médiation*, n°28, septembre 1997.
4. Kolb D., *The Mediators*, MIT Press, Cambridge, 1983. L'auteur parle d'*orchestrators* et de *dealmakers*.

Le tableau 1.1 permet de mettre en perspective médiation et conciliation.

Tableau 1.1

	Médiation	**Conciliation**
Objectifs	Accompagner	Concilier
	Éclairer sur l'origine du trouble et responsabiliser	Faire cesser le trouble
Méthodes principales	Recherche des préoccupations	Appel au compromis
	Encouragement des acteurs dans la proposition d'idées répondant de préférence à toutes les préoccupations ou intérêts	Propositions de compromis par le conciliateur
	Régulation et recadrage des débordements tout en légitimant l'expression des émotions	Appel au calme et à la retenue
	Recherche des raisons de chacun et des références communes ou communément acceptables	Appel à la raison et fourniture de références raisonnables
	Neutralité sur le fond	Fourniture d'avis (fondé sur le bon sens, l'expertise, la perception de l'équité… du conciliateur)
	Exploration des conséquences du non-accord (si nécessaire)	Avertissement sur les conséquences du non-accord (fréquent)
Mots-clefs illustratifs	Accoucheur ou Sage-femme	« Aviseur » ou « sage-Homme* »
	Orchestrateur	Accordeur
	Guider	Pousser ou tirer

* Socrate se définissait déjà comme « accoucheur » (Théétète, 149a et ss.) face aux « sachants » de toutes sortes. Dans ce prolongement, on peut avec Jacques Salzer, universitaire et l'une des figures inspiratrices de la médiation en France, parler du médiateur sage-femme (homme ou femme) et du médiateur sage-Homme (homme ou femme).

Des exemples d'application permettront de mieux comprendre comment jouent ces différences dans la manière de traiter les demandes, les ressentis et les représentations, puis de construire des accords fondés sur le compromis (conciliation) ou prioritairement sur la créativité et la prise en compte des besoins (médiation).

Médiation et postures voisines

➤ Médiation et aide sociale

Beaucoup de situations de médiation cachent de petites ou de grandes misères auxquelles nous voudrions bien répondre avec un coup de baguette magique. L'entreprise est confrontée aux conséquences des difficultés de ses acteurs : difficultés conjugales, difficultés financières, etc. La SNCF a par exemple formé une partie de ses assistantes sociales comme médiatrices familiales. Une aide peut être nécessaire non seulement pour les individus mais aussi parfois comme préalable à la médiation (si un problème de l'ordre de l'aide sociale empêche qu'une médiation ait lieu dans de bonnes conditions).

Pourtant, il s'agit de quelque chose de bien différent de la médiation elle-même. Le médiateur n'est pas là pour aider les individus en fournissant des conseils, un bilan personnalisé, etc. Si ce travail est nécessaire avant la médiation, le médiateur peut orienter vers des structures d'accueil adaptées (ou un interlocuteur différent). Le risque pour un travailleur social – assistant social par exemple – agissant d'autres fois comme médiateur est de se reporter sur le travail social en cas d'impasse ou de difficulté dans la médiation. Cela ne ferait que créer une confusion des rôles et aggraver l'impasse.

➤ Médiation et thérapie

La confusion entre la médiation et la thérapie peut être plus fréquente qu'il n'y paraît. Tout d'abord, l'une des parties peut attendre du tiers, explicitement ou non, que celui-ci agisse sur ce qu'il perçoit chez l'autre comme un dérèglement psychologique (comportement colérique, dépression, tendance au harcèlement...). De plus, de nombreuses interventions d'ordre psychologique associent un travail collectif et des situations de type conflictuel (psychodrame, thérapie systémique, certains types de conduites de changements telles que l'intervention psychosociologique[1]).

Le médiateur se distingue du thérapeute non pas en excluant *a priori* les dimensions relationnelles ou émotionnelles, mais dans la manière de les inclure. Le médiateur n'a pas pour mission d'effectuer avec les parties un travail profond sur ces dimensions en apportant un savoir et un savoir-faire spécifique. Il va en principe se borner à favoriser une reconnaissance mutuelle. Sans être une thérapie, la médiation peut souvent avoir des effets thérapeutiques (comme la franche discussion que l'on aurait après une longue « brouille » avec quelqu'un de proche). Afin de limiter les risques de transformation de la médiation en thérapie, les médiateurs peuvent veiller à limiter les entretiens individuels, limiter la durée d'une médiation et du suivi et cesser l'exploration d'un aspect qui serait intimement lié à un « complexe »[2].

➤ Médiation et expertise

La médiation est parfois confondue avec l'expertise car il est parfois attribué à des personnes présentées comme médiatrices, la mission de donner un avis en prenant en compte un certain nombre d'éléments (droit, technique...). Réciproquement, des experts se voient parfois confier une mission qui s'apparente à de la conciliation et peut donc rappeler la médiation[3]. Il semble important de faire une distinction selon le caractère principal ou accessoire de l'expertise au regard de la mission. À titre principal, il s'agit d'expertise, et le terme « médiation » est impropre. À titre accessoire, la fonction de médiation reste possible même si de nombreux théoriciens et praticiens déconseillent de cumuler les fonctions, du fait des risques de confusion.

1. Dubost J., *L'Intervention psychosociologique*, PUF, Paris, 1987.
2. Carl Jung, qui a introduit cette notion ensuite reprise par Freud et Adler, définit le complexe comme un nœud émotionnel qui, du fait de son incompatibilité avec le conscient, tend à acquérir un pouvoir et une forme autonomes inconscients (complexe d'infériorité, complexe de supériorité, complexe d'œdipe...).
3. L'expert a longtemps eu la mission de « concilier les parties si faire se peut ». Le Nouveau code de procédure civile a pourtant interdit la conciliation à l'expert (article 21 NCPC) et au juge des référés de donner à l'expert la mission de concilier les parties (article 240 NCPC). La pratique et la jurisprudence semblent cependant encore encourager ou tolérer cette pratique.

➤ Médiation et conseil (juridique, stratégique...)

De nombreuses situations conflictuelles peuvent se régler en profitant des conseils de professionnels spécialisés. Un juriste, par exemple, pourra tout à fait contribuer à prévenir ou régler un conflit (nature de l'accord, actions possibles...) à travers des conseils. Il s'agit en général d'un service proposé à une seule partie. Il arrive par ailleurs qu'au cours d'un processus de conciliation, l'intervenant prodigue des conseils ou donne un avis à des parties en conflit. Cela se justifie notamment lorsque l'une des personnes surévalue ses possibilités d'action judiciaire, néglige une solution technique ou semble se conduire d'une manière déraisonnable. Dans une telle situation, le médiateur agirait différemment du conciliateur, par exemple en posant des questions (comment avez-vous estimé ceci ? en avez-vous parlé avec un spécialiste ?), mais sans se positionner.

➤ Médiation et coaching

Médiation et coaching ont beaucoup en commun. Ces deux approches connaissent un engouement important avec de nombreuses récupérations. Dans les deux cas, il s'agit souvent d'accompagner ou de faciliter un changement. Au niveau des méthodes, le fond philosophique peut être commun : maïeutique, approche centrée sur la personne (Rogers), etc. Les différences sont cependant importantes. Le coach s'adresse en général à une seule partie ou personne (ou à une équipe en tant qu'équipe), tandis que le médiateur intervient entre plusieurs personnes (ou entre les membres d'une équipe). Le coach facilite le développement du potentiel d'une personne (ou d'un groupe), tandis que le médiateur s'occupe du potentiel d'une interaction (souvent freinée par des éléments conflictuels). Au niveau des méthodes, le coach dispose d'une grande liberté (selon les pratiques) lui permettant de recourir à des tests, évaluations, enquêtes, entraînements... ce qui ne rentre pas dans le champ de la médiation. Certaines formes de coaching, comme le coaching bipartie, tendent cependant à se rapprocher de la médiation en affichant plus de liberté mais aussi moins d'unité méthodologique et éthique.

Pourquoi et quand recourir à la médiation ?[1]

Le « pourquoi » et le « quand » concernant le recours à la médiation peuvent se confondre ou se rejoindre. Vont donc être présentés ici quelques grandes motivations (pourquoi) et certains contextes favorables (quand).

Recourir à une médiation (même informelle) est un changement de cadre qui n'est pas anodin et suppose donc des motivations particulières. Sans cela, les résistances (voir p. 147) à toute intrusion risquent de dominer. Les motivations varient sensiblement selon que l'on se situe du point de vue des parties ou d'un prescripteur (qui peut parfois être le médiateur lui-même).

Pourquoi recourir à la médiation ?

➤ Du point de vue du prescripteur

Le prescripteur est une personne qui, dans le cadre de ses propres projets, a besoin ou intérêt que d'autres personnes s'entendent ou règlent leurs différends. Il n'a pas nécessairement d'avis sur le type d'issue (pourvu qu'ils s'entendent !). Il peut souhaiter que la situation se règle par médiation (plutôt que par son/un arbitrage hiérarchique) pour différentes raisons :

- préserver l'autonomie des parties (en évitant de se substituer à elles) ;
- préserver la motivation des parties (en évitant de trancher dans un sens qui pourrait engendrer des frustrations) ;
- préserver sa neutralité (trancher conduit souvent à donner raison à l'un plus qu'à l'autre, au moins en apparence) ;
- permettre à un projet plus vaste de ne pas être bloqué par un différend.

1. Cette partie s'appuie largement sur une étude exploratoire sur la médiation que j'ai menée auprès de 315 cadres.

Et pour le manager médiateur…

Un manager peut s'autoprescrire comme médiateur, c'est-à-dire agir en médiateur. C'est le cas assez naturellement des chefs de projet, des RH ou des cadres en interface. Un hiérarchique peut aussi dans certaines conditions agir comme médiateur au sein de son équipe. Le manager médiateur peut intervenir à trois conditions au moins : avoir le temps, avoir la compétence méthodologique et agir sur des sujets pas trop complexes ni impliquants pour les personnes.

➤ Du point de vue des parties

Les personnes en conflit ou en négociation sollicitent parfois elles-mêmes le soutien d'un médiateur. Cela est cependant rare et implique l'existence d'un dispositif connu et accessible. De plus, la dynamique d'un conflit ou même d'une négociation tend à exclure l'idée de tiers (voir p. 66, le phénomène de dissolution du tiers). D'autres fois, les parties sont en position d'accepter ou non l'intervention d'un médiateur prescrit par quelqu'un d'autre (un juge, une autorité…) ou en application d'une clause contractuelle de règlement amiable. Les principales motivations sont :

- préserver de bonnes relations ;
- gagner du temps ;
- limiter les frais (coût de l'impasse, coût d'une procédure…) ;
- préserver la confidentialité de la situation (ce qui ne serait pas possible en cas de remontée du problème en dehors de sa sphère habituelle… Un niveau hiérarchique supérieur ou des procédures judiciaires impliquent une certaine publicité du problème).

➤ Autres motivations

Prescripteurs et parties peuvent également avoir d'autres motivations, dont celle – rare mais essentielle – d'exploiter le potentiel du conflit d'une manière optimale. Plutôt que de réduire la tension conflictuelle sur le mode du compromis et des concessions, exploiter cette énergie dans la recherche du dépassement. D'une manière générale, la situation peut être l'occasion d'un apprentissage organisationnel (même si l'enjeu en tant que tel n'est pas très important).

Quand recourir (ou pas) à la médiation ?

Aucun facteur n'est absolument déterminant en soi. La multiplication de facteurs favorables ou non peut cependant aider à trancher. Pour se faire une idée sur une situation donnée, il suffit de cocher une estimation pour chaque proposition du tableau ci-dessous (vrai/faux) et de considérer le score.

Pensez à une situation conflictuelle précise, que vous connaissez et à propos de laquelle la question se pose de l'opportunité d'un recours à la médiation.

Proposition	Vrai	Faux
Aucune des personnes qui ferait l'objet de la médiation n'a le pouvoir de trancher seule la question de manière pleinement satisfaisante		
Les parties impliquées ont (au moins en partie) besoin l'une de l'autre pour avancer		
Les parties se reconnaissent comme interlocuteur pour l'enjeu considéré		
Les enjeux du problème sont dans la sphère d'autonomie des personnes considérées et ne reposent pas exclusivement sur des décisions prises à un autre niveau		
L'intervention d'un médiateur ne serait pas mal perçue dans l'entreprise* (aussi bien au niveau de la base que dans la hiérarchie)		
L'intervention d'un tiers ne serait pas perçue comme une dégradation ou un manque d'autorité		
Le coût de la médiation (le temps du médiateur, sa rémunération éventuelle, la mobilisation de personnes sur leur temps de travail…) est raisonnable compte tenu des enjeux directs et indirects		
Les deux parties ont intérêt à un arrangement négocié		
Les parties auront ou souhaitent avoir des relations dans le futur		
Résultat		

* Adapter la proposition, selon que le médiateur est interne et agit à titre informel, ou externe et agit à titre professionnel.

Plus il y a de « vrai », plus la médiation a de chances d'être pertinente. Il est possible de pondérer telle ou telle proposition pour prendre en compte son importance dans un contexte donné. Si l'organisation est déjà sensibilisée à la médiation ou à la négociation, s'il y a eu des formations… le terrain peut être davantage réceptif à la médiation. Il est aussi possible de travailler pour atténuer certains aspects (par exemple en communiquant sur la médiation, en agissant sur l'environnement…). D'autres peuvent à eux seuls conduire à renoncer. Certains points peuvent par ailleurs faire l'objet de la médiation (deux personnes ont des relations à moyen terme mais ne se reconnaissent pas comme interlocuteurs sur tel enjeu, ce qui peut être creusé en médiation – pourquoi ?). Enfin, changer de type de médiateur (occasionnel ou professionnel, voir p. 30) peut aussi faire évoluer le résultat.

Les origines de la médiation

Bref historique de la conciliation à la médiation

Si la violence des relations entre tribus des temps préhistoriques semble exclure la médiation (et la conciliation par un tiers), il en est probablement autrement de la relation à l'intérieur desdits groupes. L'existence d'un chef (et donc d'une régulation) n'exclut ni d'autres niveaux de problèmes, ni des contestations. L'observation des bonobos ou des chimpanzés (les primates les plus proches de l'homme avec un génome similaire à 99 %) est sans doute une manière d'imaginer des comportements de l'homme premier. Les recherches sur ce terrain indiquent l'existence fréquente de conciliateurs. Il s'agit souvent d'une vieille femelle ou d'un vieux mâle externe aux jeux de pouvoir[1].

Il est de toute façon possible de faire état d'une tradition millénaire qui place la médiation/conciliation comme peut-être le plus vieux métier du monde. Cette approche n'est pas particulièrement occidentale et apparaît fortement ancrée dans la tradition chinoise, arabe ou africaine (la palabre). L'introduction du mot « médiateur » dans la

1. Voir Waal (de) F., *Peacemaking among primates*, Harvard University Press, Cambridge (MA), 1989.

langue française (1265) intervient tardivement, sans permettre de dater l'émergence d'une telle pratique. En 1611, apparaissent les termes de médiation et de médiatrice (avant le terme mathématique plus usuel aujourd'hui mais introduit seulement en 1923 !). Au-delà des mots, la médiation reste longtemps un processus informel ou associé à d'autres missions (diplomatie, ordre public...). À cette époque, et jusque dans les années 80 (XXe siècle), les mots « conciliation » (par un tiers) et « médiation » sont de fait interchangeables. C'est à partir des travaux de Rogers, Blake & Mouton, Gordon... et de l'observation des pratiques que la distinction entre des approches centrées sur le processus (médiation) et celles centrées sur le résultat (conciliation) se formalise.

Bien que des expériences existent antérieurement, c'est à partir de la seconde guerre mondiale, dans un contexte de guerre, que le gouvernement américain encourage (et même impose) l'intervention de médiateurs/conciliateurs dans les conflits du travail. L'objectif est simple : éviter l'instabilité sociale et pouvoir faire face à l'effort de guerre. En fait, la médiation/conciliation s'était développée de manière significative en France[1], et plus qu'aux États-Unis, au cours de la période 1936-39, dans les relations collectives du travail. Le processus commence à se pervertir pendant l'année 1939 et connaît un temps d'arrêt avec la guerre. À la libération, le changement de cadre législatif et le contexte politique particulier rendront impossible la reprise du processus de manière effective.

Pendant que l'État centralisateur jacobin français encourageait la réglementation du travail à un niveau législatif et sa régulation à un niveau judiciaire, l'État américain encourageait (ou laissait faire) une gestion privée des conflits. La lenteur de la justice encourage l'arbitrage privé (une forme de justice privée et plus rapide). L'arbitrage laisse cependant souvent un sentiment d'insatisfaction (la solution ne convient pas toujours bien aux parties) et tend à se complexifier (par souci d'équité) et donc à être moins rapide. Les accords collectifs qui prévoient le recours à l'arbitrage en cas de différend (aussi bien sur le fond que sur l'interprétation des accords) développent donc ensuite une étape préalable : la médiation. Les litiges individuels du travail (dont le traitement est souvent pris en compte dans les accords collectifs) suivent un développement similaire, où l'arbitrage précède et favorise la médiation

1. Plusieurs milliers de cas traités.

(recourir à la médiation permet de tenter d'obtenir un résultat meilleur, ne pas saisir cette chance, c'est risquer d'être perdant… et dans des délais très brefs). Ultérieurement, et par ricochet, les relations commerciales s'accompagnent de la signature de clause d'arbitrage et de médiation (où la médiation est une étape préalable à l'arbitrage, lui-même préalable à l'ouverture d'une procédure judiciaire).

C'est à partir de l'expérience du monde du travail (plusieurs dizaines de milliers de cas par an) que l'idée de médiation gagne aux États-Unis les quartiers, la famille… dans les années 1970/1980. Dans le même temps, la distinction entre médiation et conciliation commence à s'opérer sous l'angle du processus (auparavant, il s'agissait d'un débat essentiellement juridique[1]). L'intégration de travaux théoriques majeurs et la caractérisation des pratiques permettent de consolider cette distinction (ce qui n'exclut pas que la médiation telle que nous l'entendons ait été pratiquée aussi auparavant). En France, la médiation est alors apparue (quasiment coupée de son histoire dans l'entreprise) dans le milieu des années 1980.

Panorama rapide de la médiation en dehors de l'entreprise[2]

La médiation a aujourd'hui en France, pour l'essentiel, perdu sa filiation avec l'entreprise. Si elle y revient, c'est davantage par inspiration de ce qui se pratique ailleurs. Les données statistiques sont cependant rares et souvent imprécises. Il est néanmoins utile de donner au médiateur en entreprise un aperçu du développement de la médiation à d'autres niveaux.

L'un des domaines les plus développés aujourd'hui est la médiation comme « alternative » aux poursuites pénales. Il y a environ quarante mille médiations dans ce cadre. Les procureurs de la République ont ainsi la possibilité (plutôt que d'engager l'action publique ou de classer sans suite) de permettre aux parties concernées par une plainte de s'arranger entre elles en présence d'un médiateur. Ces médiations sont

1. Pour des références et le détail du raisonnement, voir ma thèse : *La médiation et l'entreprise*, Université Paris I – Sorbonne, 2001. Un bref compte rendu de la question est disponible sur *www.re-for-me.org*
2. Pour un panorama plus complet, voir l'ouvrage collectif : Bonafé-Schmitt J.-P. et al., *Les Médiations, la médiation*, Ramonville, Érès, 1999.

controversées pour plusieurs raisons. Tout d'abord il y a intervention d'une autorité pour suggérer (parfois fortement) la médiation, et il est vraisemblable qu'aucune rencontre n'aurait lieu en l'absence de cette intervention. La diversité des pratiques pose par ailleurs des problèmes multiples : difficulté de repérage d'un lieu à un autre, confusion fréquente avec le classement sous condition ou le rappel à la loi, limitation de la confidentialité du médiateur (qui ne s'oppose pas au procureur). Le statut des médiateurs conduit souvent à une variation des pratiques : salariés d'une association, ce qui peut conférer une relative indépendance, ou bien délégués du procureur, ce qui se traduit souvent par du rappel à la loi ou du classement sous conditions.

La médiation familiale est le second pôle important de développement de la médiation. Elle représente probablement plusieurs milliers de cas par an (mais il y a une marge de progression importante puisque environ 120 000 divorces sont prononcés chaque année). L'origine de ces médiations peut être judiciaire (sur proposition d'un juge aux affaires familiales, dans le cadre de la loi de 1995) ou d'initiative privée (l'un des membres de la famille a eu vent de l'existence de la médiation). Le plus souvent, les affaires traitées correspondent à des problèmes de couple. La médiation peut donc aussi bien permettre d'accompagner un divorce que de favoriser un nouveau départ après explication. La médiation familiale peut cependant impliquer une relation parents (grands-parents)/enfants, frères/sœurs (par exemple à l'occasion d'un héritage), ou tout autre lien d'ordre familial. Le métier de médiateur familial est en cours de structuration. Il est question de réglementer la pratique et de systématiser l'information pour les couples en instance de divorce.

La médiation judiciaire est prévue par la loi de 1995 et sert principalement pour les affaires familiales (mentionnées plus haut), civiles mais aussi commerciales (*via* les tribunaux de commerce ou les cours d'appel) ou sociales (litiges en appel issus du contentieux prud'homal). Ces deux dernières applications seront développées plus loin.

De nombreux établissements scolaires ont permis le développement de la médiation en leur sein. Cette forme de médiation peut concerner les relations entre élèves (par exemple avec un médiateur de la même classe ou un peu plus âgé), entre professeurs, entre élèves et professeurs (mais il y a de nombreux tabous), entre parents et professeurs...

Une forme encore trop peu développée de la médiation est la médiation de quartier (parfois appelée médiation communautaire ou médiation sociale – il y a dans ce dernier cas une confusion possible avec la médiation pratiquée dans le cadre du droit social, c'est-à-dire des conflits du travail). Les nombreuses tentatives en la matière sont souvent confrontées à deux problèmes : le financement de cette activité (peu envisageable sans fonds publics et où municipalités, police et justice tendent à se renvoyer la responsabilité d'une politique de prévention) et l'information (comment faire pour toucher les personnes en conflit ?). Les bailleurs sociaux, confrontés à de nombreux conflits de voisinage, devraient jouer un rôle majeur à ce niveau. Cela pourrait diminuer considérablement le nombre de médiations pénales et permettre une prise en compte de problèmes avant qu'il y ait un dérapage violent. Peu l'ont fait, car ils craignent d'avoir peu à y gagner (à part de la considération ou bien le sentiment du travail bien fait) et beaucoup à perdre (le risque d'une immixtion dans la vie privée, de devoir améliorer certains logements dont la structure est à l'origine de nombreux problèmes de bruit...). La médiation peut cependant contribuer à améliorer le cadre de vie et le sentiment de sécurité, diminuer les actes de violence et les dégradations... L'arrivée de plusieurs milliers d'emplois jeunes pouvait constituer une réelle opportunité pour la cité. Malheureusement il y a souvent eu un détournement de leur action à des fins sécuritaires ou d'aide sociale, ce à quoi s'ajoutent la quasi-absence de formation, le manque de volonté politique... Il existe cependant aussi des démarches authentiques et qui s'inscrivent dans la durée.

Les grands principes de la médiation

Les objectifs de la médiation ne peuvent se définir complètement de manière abstraite et absolue. Ils vont dépendre en partie du contexte d'intervention et du point de vue. En entreprise, la médiation peut participer de la même manière à une volonté d'éviter des remous, au souhait de tirer le fruit des désaccords, à un effort pour montrer publiquement sa bonne volonté, à une politique de recherche du bien-être des acteurs concernés, à une politique d'apprentissage organisationnel... Le médiateur aura toujours à situer et expliquer sa place face à la multiplicité des objectifs et demandes, parfois contradictoires entre elles ou incompatibles avec la médiation.

Face à la diversité des objectifs projetés sur la médiation, c'est par son assise sur des principes fondamentaux que le médiateur pourra préserver le sens de son intervention. Il est possible d'en lister un certain nombre qui ne doivent pas forcément être retenus de manière rigide, mais peuvent souvent stimuler une éthique de la médiation.

Le premier est la liberté des parties. Ce principe est essentiel et permet de distinguer la médiation d'autres modes d'interventions comme l'arbitrage ou toute forme d'injonction de faire. Cette liberté a deux corollaires : l'absence de pouvoir formel du médiateur (non-directivité sur le fond) et la neutralité – impartialité du médiateur. Mais la liberté des parties s'inscrit dans la possibilité d'adhésion à l'esprit et au processus de médiation. Sans cette adhésion, la médiation n'est plus qu'une tentative de rapprochement poussée par un tiers. L'adhésion ne peut pas simplement être de surface et elle a alors deux contreparties : l'une pour le médiateur, l'autre pour les parties. Le médiateur obtient à travers cette adhésion une délégation d'autorité sur la forme des échanges (directivité sur la forme) qui engage sa responsabilité. Il s'engage à offrir à chaque partie toute son empathie. Pour les parties, leur adhésion réduit immédiatement leur espace de liberté (comme tout consentement).

L'indépendance du médiateur est un autre élément majeur. Dans le cas contraire, il pourrait risquer d'être instrumentalisé aux dépens de l'une des parties (et l'adhésion à la médiation serait alors pour cette dernière un piège). Le parfait respect de ces principes est souvent délicat. Au-delà de la présentation ci-dessous, il convient d'en saisir aussi les limites, abordées en fin d'ouvrage (p. 147).

La liberté des parties

La médiation repose sur la liberté des parties, quant à leur participation et leur engagement. La médiation doit donc être acceptée, ce qui suppose une juste information et la capacité de prendre une décision (en toute rationalité).

➤ La médiation a été acceptée

La participation libre et éclairée des parties à la médiation apparaît souvent dans la littérature spécialisée comme une condition essentielle.

Les situations de médiation obligatoire posent à ce titre quelques problèmes. Pourtant, il existe de nombreuses situations où il n'y aurait pas médiation (ni négociation) sans une forme de pression à la participation. Celui qui se sent dans un rapport de force favorable peut ne rien attendre de la médiation ou d'une négociation. Le caractère obligatoire (ou la pression, ou encore l'incitation…) permettra dans certains cas de créer une rencontre. Pour que la médiation ait du sens, il est souhaitable d'intéresser celui qui est venu suite à une pression, c'est-à-dire faire de l'espace de médiation un endroit où il pourra trouver la prise en compte de ses préoccupations (même s'il n'imaginait pas au départ que cela puisse lui être utile). La médiation devra au moins le libérer d'un risque (procédure judiciaire par exemple), mais elle ne sera pleine de sens que si elle permet aussi (au moins potentiellement) une prise en compte de ses préoccupations. Dans le cas contraire, il s'agit d'une démarche de changement d'un rapport de force, ce qui n'exclut pas des épisodes de négociation, mais ne peut s'appeler médiation.

➤ L'acceptation est fondée sur une juste information

Une juste information implique la conscience des enjeux, des autres possibilités (et notamment de ce qui peut se passer en cas d'échec ou de refus de la médiation), du cadre d'intervention, des références juridiques applicables, des méthodes de médiation… Cette information est nécessaire à un juste consentement… mais est-ce au médiateur de le faire systématiquement (risque d'y perdre sa neutralité) ? Que faire si personne d'autre ne peut donner certaines informations clefs (pas d'avocat ou de conseil pour donner une référence juridique, pas d'autres experts techniques pour fournir d'autres avis) ?

➤ Les parties sont rationnelles

Il faut entendre la rationalité au sens large, c'est-à-dire la capacité à prendre une décision sans biais manifestes (ou généralement reconnus comme tel) et conformément à la hiérarchie de préférence de son auteur. La décision rationnelle peut être fondée sur une analyse de faits, de données palpables… comme de sentiments ou de valeurs. Il n'est donc pas *a priori* irrationnel de renoncer à une indemnité à laquelle on a droit ou, à l'inverse, de donner plus que ce qui est prévu. Cette décision peut correspondre à l'accomplissement satisfaisant d'une valeur ou au prolongement d'un sentiment. Si en revanche, il y a un déficit d'information, une manipulation, une interprétation erronée... le jugement n'est plus rationnel et le consentement perd en principe sa valeur.

Or, comme nous le verrons, notre rationalité est souvent limitée (voir p. 164). Le refus ou l'acceptation de la médiation sera donc souvent une décision en partie irrationnelle. Le médiateur pourra, sans les nommer, travailler les biais cognitifs et facteurs limitant la rationalité avec les parties. Le seuil d'acceptabilité d'un biais dépend d'une question d'éthique.

Un état pathologique, lorsqu'il est avéré (ce n'est pas toujours facile), exclut en principe la médiation. L'aliénation implique un lien, donc une limite à la liberté. Le médiateur devra le plus souvent se contenter de proposer une orientation adéquate.

Et pour le manager médiateur...

La médiation informelle du manager peut poser problème quant à l'acceptation et l'information préalable. Peut-on refuser une réunion programmée par son N + 1 et ayant pour objectif de mettre à plat un différend ? Par ailleurs, le processus de médiation étant rarement nommé en tant que tel (sauf s'il est devenu un vocabulaire maison), l'information sur le processus pourrait être limitée. Il est pourtant de l'intérêt du manager de donner l'information sur ce qui va se passer pendant la réunion et de recueillir une acceptation. La médiation fonctionne mieux quand les parties en comprennent et acceptent les principes. Si les collaborateurs s'imaginent qu'il s'agit de convaincre le manager afin qu'il tranche dans leur sens, la forme des échanges risque de ressembler à des plaidoiries et argumentaires. S'ils comprennent qu'il s'agit, au moins dans un premier temps, de leur donner une chance de rechercher et construire une solution sans perdant, leur attitude sera souvent différente.

Neutralité et impartialité

La neutralité et l'impartialité du médiateur sont souvent requises et sont au cœur des développements sur la médiation. Bien que distinctes, les deux notions sont fréquemment confondues, en particulier par les médiateurs qui n'y attachent pas les mêmes significations. Il est donc peu probable que les parties parviennent à s'y retrouver. C'est pourquoi je préconise de ne pas employer ces mots mais d'expliquer concrètement comment l'on se situe et ce à quoi l'on s'engage.

D'une manière certainement discutable, il est possible de les définir comme ceci :

– l'impartialité décrit la situation préalable : ne pas avoir de communauté d'intérêt avec l'une des parties et être (tâcher d'être) libre de tout préjugé ;
– la neutralité décrit la réaction du tiers : ne pas donner son avis et ne pas se positionner.

On comprend mieux ce qui distingue le médiateur du juge ou de l'arbitre. L'impartialité est requise pour chacun d'entre eux mais le juge et l'arbitre doivent trancher, ce qui exclut la neutralité. Dans l'absolu, la neutralité du médiateur au sens large est discutable puisque le processus vise à faire évoluer une situation (le médiateur tâche d'être neutre mais si la médiation était neutre, elle serait peu intéressante). L'image du catalyseur en chimie permet d'illustrer la neutralité du médiateur : rendre possible une mutation mais ne pas y être mêlé à la fin.

La neutralité peut parfois paralyser le médiateur qui se sent pris entre des injonctions contradictoires (démêler mais ne pas se mêler !). Le risque est grand, comme nous l'avons vu plus haut, de basculer dans la sympathie, l'antipathie ou même l'apathie. Face à ce dernier risque, on peut retenir l'expression de Jacques Salzer qui recommande la multipartialité. Il s'agit de penser la relation avec les parties en terme de ET plutôt qu'en OU. Cette manière de penser peut aider le médiateur à sortir d'une pseudo-neutralité langue de bois (« Je suis ni pour, ni contre, bien au contraire », selon la formule suisse vaudoise reprise par Coluche). Il est préconisé ici un soutien multilatéral (« Je suis ici ET pour vous ET pour vous »). Le médiateur veillera bien entendu à ne pas devenir excessivement impliqué sur le fond pour autant.

Corollaire à la fois de la liberté et de la neutralité, un des principes essentiels de la médiation est que la solution vient des parties. Aussi, le médiateur n'a pas à proposer de solution. Il convient cependant de l'expliquer et aussi de savoir y déroger. Il y a plusieurs raisons à ce principe qui agit en protecteur du processus de médiation.

Une première raison est que si le médiateur propose des solutions, il y a confusion des rôles. Non seulement les parties risquent de s'imaginer être face à un conseiller ou un décideur, mais elles risquent d'imaginer que c'est au médiateur de faire l'effort. Il est fréquent d'observer que plus le médiateur propose des solutions, plus les parties se retranchent dans une attitude infantile et critique. Or l'un des objets de la médiation est au contraire de favoriser la responsabilisation et l'autonomisation.

Une seconde raison justifiant le fait de ne pas proposer de solution est que le médiateur risque de le faire trop tôt. Pensant (à tort ou à raison) avoir touché le nœud du problème, le médiateur propose alors quelque chose à un moment où les parties sont encore empêtrées. L'idée risque d'être brutalement rejetée et perdue pour la suite si on en a fait une question de principe.

Enfin, persuadé d'avoir LA solution, le médiateur peut vouloir convaincre. Il passe alors de médiateur à négociateur, et s'il n'en est pas conscient, il risque de se heurter aux parties en perdant au passage son crédit d'impartialité. On aboutit parfois au syndrome du « Je sais mieux que vous, ce qui est bon pour vous ».

Et pour le manager médiateur…

Le manager est rarement neutre (il pourra être amené à trancher ou appuyer telle ou telle position) et peut ne pas être impartial (il a sa manière de voir *a priori* un problème qui le concerne aussi). Quant à la neutralité, la difficulté peut être contournée d'une part en annonçant de manière transparente à partir de quand il peut être amené à se positionner, et d'autre part avec la prise de conscience que l'on débloquera la situation plus facilement en restant en réserve sur le fond. Quant à l'impartialité, il est souhaitable de prendre conscience de ses *a priori* ou intérêts et éventuellement de les poser. Dans certains cas plus sensibles, le support d'un second médiateur peut permettre de neutraliser (!) le problème. Si le manager est un financier et que la difficulté oppose un financier et un ingénieur, il peut être par exemple utile d'ajouter un ingénieur comme comédiateur.

Le principe souffre cependant des exceptions, notamment lorsque les intérêts qu'il sert sont préservés ou que d'autres intérêts plus importants émergent. S'il y a dans la médiation une panne de créativité, il est parfois utile que le médiateur lance une idée. Il peut alors le faire en s'assurant que les parties ont fait l'effort de chercher et qu'il est clair que ce n'est pas lui qui doit trouver (pour éviter la confusion des rôles). Il s'assure que les parties souhaitent réellement sortir de la situation et que les préoccupations ont été posées (pour éviter d'agir trop tôt) et sans chercher à défendre son idée. Il pourra le faire prudemment :

> M. — « Il y a peut-être une idée, mais je ne suis pas sûr qu'elle soit bonne pour vous… »
>
> P. — …Laquelle ?
>
> M. — Dans une affaire un peu similaire, les parties ont décidé de faire comme cela… pour éviter de… et s'assurer de… Qu'en pensez-vous ?

Il lance l'idée en l'air (ou mieux plusieurs idées), sans s'y accrocher et laisse les parties se l'approprier. Cela peut aussi parfois se faire en entretien séparé.

L'adhésion des parties

L'adhésion ne doit pas se confondre avec l'acceptation. Il peut y avoir acceptation sans adhésion. L'acceptation des règles et principes de la médiation doit en effet être authentique. Aussi, il convient que les parties souhaitent sortir de la situation présente, améliorer leur condition, parvenir à un accord ou au moins en parler : cela doit exclure les situations où la médiation est utilisée de manière stratégique et manipulatrice (par exemple à des fins dilatoires : faire perdre du temps à l'autre partie voire attendre une prescription). Les situations où les parties tirent davantage de bénéfice du conflit que de sa résolution posent aussi un problème, sauf à prendre en compte les motivations sous-jacentes (par exemple le salarié en mal de reconnaissance ou d'intégration et pour lequel le conflit est une manière d'exister, d'avoir de la relation). Parfois ce sont les deux parties qui se sont installées dans un conflit permanent et à la fois insupportable et nécessaire. Une thérapie peut être plus pertinente que la médiation… à condition que les parties veuillent bien s'y engager.

La responsabilité du processus (pouvoir sur la forme)

Les éléments qui précèdent permettent d'attribuer au médiateur la responsabilité du processus (la forme) et de laisser le fond aux parties. Le service rendu est donc en quelque sorte de décharger les personnes (au moins dans un premier temps) d'un processus relationnel qui les a conduites à l'échec ou l'impasse. Le médiateur peut parfois hésiter entre une approche directive ou non directive. Le médiateur est responsable du processus, cela implique une directivité sur la forme. Il n'est pas responsable de la décision, ce qui implique une non-directivité sur le fond.

Il dépasse ainsi le dilemme entre directivité et non-directivité. Bien entendu, avec l'expérience, le médiateur pourra se permettre, mais aussi percevoir la nécessité selon les contextes, de s'éloigner quelque peu de cette règle. Elle est cependant absolument nécessaire comme guide des premières années de pratique. Une fois la non-directivité acquise comme attitude, il est possible d'être parfois à nouveau un peu directif (même sur le fond) car il ne s'agit plus d'un réflexe face à la difficulté.

Aussi, le médiateur n'est pas tout à fait sans pouvoir formel. Il dispose par ailleurs de beaucoup plus de pouvoir informel qu'il ne l'imagine. Le médiateur est souvent perçu avec un pouvoir de référence (il incarne symboliquement les institutions), de compétence (il est supposé connaître le droit, la psychologie...), d'information (il détient des informations de l'autre partie). On peut lui prêter aussi un pouvoir charismatique, de sanction ou de récompense, voire de coercition. Le médiateur ne peut donc trop rapidement se décréter « sans pouvoir » en ignorant ces jeux d'attribution. Il lui faudra rester vigilant à ne pas utiliser indûment[1] du pouvoir sans s'en rendre compte (par exemple, des médiateurs entendent parfois après coup : « J'ai accepté l'accord parce que j'ai pensé que c'était ce que vous me recommandiez, vous savez mieux que moi, mais j'avoue que je ne voyais pas comment ça pouvait marcher... »).

Enfin, le médiateur est responsable de la mise en œuvre d'un processus sincère, ouvert et non biaisé, condition de la validité juridique et morale du consentement. Outre sa propre influence, décrite ci-dessus et parfois inconsciente, il devra en particulier veiller à ce que les échanges ne soient pas biaisés par des manipulations ou erreurs grossières de jugement (voir p. 171 et suivantes). Sa vigilance sur le respect de l'ensemble des principes fondamentaux (et les contradictions qui ne manqueront pas d'émerger) est alors essentielle.

1. Dans le sens où cela éloigne des objectifs de la médiation (autonomisation des individus, apprentissage organisationnel...) et rapproche d'autres postures (décision hiérarchique en particulier).

Et pour le manager médiateur…

Lorsqu'on dispose d'un pouvoir hiérarchique – si tel est le cas – rien n'interdit de l'exercer temporairement sur la forme. Le pouvoir sur le fond (décision, influence…) est mis entre parenthèses. Une transparence sur les conditions de cette mise entre parenthèses, comme de ses limites, peut utilement être offerte (« Je préfère que vous vous entendiez entre vous, c'est pour cela que j'ai organisé cette réunion. Si à la fin des deux heures, vous n'êtes toujours pas d'accord, je vous demanderai de me rédiger un mémo sur la base duquel je prendrai alors une décision »).

L'empathie

L'empathie est en tant que telle une attitude, voire une approche, d'intervention. Elle a sa place au cœur des principes de la médiation à plusieurs titres. Il s'agit tout d'abord de contrebalancer l'idée de neutralité et impartialité qui n'est pas très engageante (mais à quoi sert un médiateur ?). Il s'agit aussi de reconnaître dans cette notion de Carl Rogers l'un des piliers de la médiation (avec la non-directivité) et l'une des différences avec la conciliation. La médiation s'appuie sur les personnes, et l'attitude empathique du médiateur est le catalyseur majeur du dénouement. L'enjeu n'est pas tant de trouver une solution (ce qui ne requiert par forcément beaucoup d'empathie – à ne pas confondre avec l'écoute) que de permettre aux parties de trouver entre elles (et en elles-mêmes) les ressources à leur problème. Cette notion est détaillée plus loin en tant qu'attitude (p. 40) puis à travers une technique (l'entretien non directif, p. 97).

Confidentialité et secret professionnel

La confidentialité découle d'une certaine manière de la neutralité, car faire remonter ou passer des informations peut considérablement changer la donne. Il est important de pouvoir s'engager sur un certain nombre de garanties quant à la confidentialité. Si les parties sont inquiètes à ce sujet, on risque d'accroître la rétention d'information. Le médiateur peut utilement montrer son engagement en validant à la fin de chaque entretien ce qui est du domaine du confidentiel et ce qu'il peut faire circuler.

La confidentialité du médiateur ne peut cependant que rarement être absolue, car la loi et le contexte ne le permettent pas toujours. Il y a donc un devoir de transparence à ce sujet, notamment si le médiateur est tenu de rapporter certains éléments (une information des parties sur ce qui est rapporté est recommandable dans ce cas). À ma connaissance, aucun médiateur ne peut s'engager à ne pas transmettre des informations faisant l'objet de dispositions d'ordre public spécifiques s'imposant à tout citoyen (par exemple l'une des parties reconnaît avoir détourné des fonds publics). De même, un médiateur privé agissant dans un cadre non judiciaire peut tout à fait être cité à comparaître comme témoin par un juge d'instruction.

Et pour le manager médiateur…

Il est difficile pour un manager de s'engager à une pleine confidentialité, comme pour les participants à la médiation d'avoir des assurances. Cela repose sur la confiance établie, et mieux vaut en cerner et préciser les limites. C'est une condition de la crédibilité de manager. Dans cette optique, le médiateur offre donc une moindre confidentialité qu'un intervenant extérieur.

Dans une autre optique, l'intervention d'un médiateur interne permet de préserver la confidentialité, sans le regard d'une personne extérieure – qui peut constituer une inquiétude ou être à l'origine de fuites (éventuellement involontaires). Cela concerne en particulier des éléments comme des procédés de fabrication, le marketing stratégique…

L'indépendance du médiateur

Ce septième principe est essentiel, car sans indépendance, comment le médiateur pourrait-il être pleinement garant des six autres principes ? Dépendre du résultat visible de la médiation (par exemple pour être payé ou pour sa réputation) serait aussi de nature à biaiser le résultat. Dépendre d'un tiers qui a intérêt à tel ou tel type d'issue est aussi problématique. Mais la dépendance peut aussi se situer au cœur du médiateur (par exemple dépendance narcissique).

Cette condition étant difficile à réaliser de manière absolue, on s'accorde généralement pour considérer que le médiateur professionnel ne doit pas dépendre de l'une des deux parties en particulier et que sa rémunération doit être indépendante du résultat. Le fait d'être salarié d'un organisme de médiation est plus rassurant que d'être en prise directe avec un mandant qui pourrait devenir influent. Avoir plusieurs activités (soit au niveau du médiateur, soit au niveau de l'organisme qui l'emploie) est un gage d'indépendance. Aucun client ou mandant ne devrait représenter plus de 10 % de revenu du médiateur ou de son organisme employeur (ou un niveau qui puisse engager la pérennité de l'activité). Pour les médiateurs internes à une organisation (autres que les managers pratiquant la médiation à titre informel), leur indépendance peut se jouer dans le cadre des relations paritaires et/ou par leur rattachement direct à la direction générale. Chaque médiateur peut de manière éthique étudier sa situation pour s'assurer qu'il dispose bien de l'indépendance requise. Le refus par le mandant, ou les demandeurs, de prendre en compte cet aspect sera souvent l'indicateur d'une adhésion seulement partielle à la médiation (c'est-à-dire éventuellement la volonté d'instrumentaliser le médiateur). La possibilité de supervision contribue par ailleurs à l'indépendance du médiateur en lui permettant de prendre du recul et de réfléchir sur les situations.

Et pour le manager médiateur…

Il est recommandable de ne pas intervenir dans des situations où les enjeux sont trop lourds (allégation de harcèlement moral, conflits direction/syndicats…). L'indépendance y est absolument essentielle. Dans d'autres situations, là encore, la transparence est un élément clef. Il convient surtout d'apprécier la dépendance vis-à-vis des parties prenantes ou de personnes ayant intérêt à tel ou tel résultat. Il conviendra peut-être de négocier les conditions d'une meilleure indépendance (limiter le reporting) ou s'abstenir. Parfois, l'équilibre se fera par une dépendance à l'égard des deux (par exemple un chef de projet qui a besoin que le prescripteur et le futur utilisateur tombent d'accord sur un élément du cahier des charges).

La médiation et l'entreprise : panorama

La médiation peut concerner tous les niveaux et types de relations de l'entreprise. À chaque fois qu'il faut coopérer, s'entendre ou s'expliquer sur quelque chose (négocier), l'intervention d'un médiateur peut être souhaitable pour faciliter les échanges. La médiation peut ainsi concerner des relations commerciales (différends clients/fournisseurs), des relations collectives (syndicales, comités de direction, groupes de projets...), des relations individuelles courantes en rapport avec le travail (par exemple entre un responsable du marketing et un responsable de la production) ou des conflits individuels (rémunération, dates des vacances, primes, promotions, incompatibilités d'humeur ou harcèlement...).

La présentation qui suit est organisée à partir de la typologie des médiateurs. Les médiateurs peuvent agir à titre professionnel et formel ou à titre occasionnel et généralement informel. Parfois ils sont externes à l'entreprise et d'autres fois ils y sont rattachés (médiateurs internes). Enfin, les enjeux peuvent être internes (par exemple relations entre collaborateurs) ou bien externes (relations commerciales). Il ne s'agit pas de dresser ici un inventaire exhaustif des pratiques mais bien un panorama. Il s'agit de donner un aperçu de la diversité avec des exemples réels d'application. De nombreuses pratiques portant le nom de « médiation » ne sont pas mentionnées ici puisqu'elles correspondent à autre chose. Il s'agit en particulier de la plupart des médiateurs institutionnels (SNCF, banques, assurances...) dont la mission correspond à celle de ce que nous appelons un ombudsman (p. 33).

Les médiateurs professionnels

Les médiateurs « professionnels » se caractérisent par une intervention *ès qualités* pour laquelle ils sont en principe rémunérés. Le cadre de la médiation est formel : l'intervention s'appelle le plus souvent « médiation », chaque participant est informé du cadre et des limites de l'intervention, le médiateur prend des engagements déontologiques... Il n'est pas exclu que ces personnes aient d'autres fonctions ou missions par ailleurs. L'appartenance ou non à l'organisation (médiateurs internes ou externes) a des répercussions importantes sur la nature des situations et la manière de les traiter.

➤ Les médiateurs externes à l'entreprise

L'un des champs visible de l'activité des médiateurs externes concerne les relations commerciales, ce qui s'appelle souvent la médiation interentreprises. Les chambres de commerce et d'industrie ont depuis longtemps mis en place des centres ou procédures d'arbitrage, sous la pression des cocontractants anglo-saxons (pour lesquels des clauses d'arbitrage et de médiation sont aujourd'hui très courantes dans les contrats). La médiation a fait son apparition progressive dans ce cadre depuis une dizaine d'années. Le dynamisme de ces centres est variable et dépend largement des efforts de communication de cette pratique encore peu connue en France. Le Centre de Médiation et d'Arbitrage de Paris fait figure de leader en la matière. La viabilité économique de ces centres est cependant encore lointaine, d'autant plus que les tribunaux de commerce ou les cours d'appel orientent encore trop prudemment leur contentieux vers la médiation (il y a pourtant plus de 200 000 dossiers devant les tribunaux de commerce). Plusieurs initiatives privées se sont soldées par des échecs. Avec une participation des tribunaux (par exemple information systématique sur les possibilités de médiation et proposition dans tous les cas pertinents), le nombre de médiations interentreprises pourrait devenir important.

Dans les relations collectives du travail (conflits sociaux en particulier), l'intervention de médiateurs externes est ancienne (début du XXe siècle) et a souvent été médiatisée. Ces médiateurs sont le plus souvent choisis du fait de leur poids politique plutôt que sur des critères méthodologiques. Ils agissent donc davantage comme conciliateurs, utilisant le poids de leur expertise et de leur réputation. Ce type d'intervention a bien évidemment une utilité mais n'est pas transposable au quotidien des entreprises non éligibles pour l'intervention des politiques. Les spécificités des relations paritaires françaises rendent par ailleurs difficiles le réflexe du recours à un médiateur. Ainsi, les interventions de médiation sont à ce niveau plus souvent informelles et nous les reprendrons plus loin. Là encore, un changement de cadre législatif pourrait rendre la médiation visible et attrayante. Le projet de loi de modernisation sociale prévoyait l'intervention d'un médiateur avant tout licenciement collectif (en réaction aux licenciements Marks et Spencer et Moulinex). Plus généralement, une réforme du cadre législatif du travail pourrait faire de la médiation une voie privilégiée du dialogue social[1]. L'État devrait pour cela renoncer à intervenir autant sur le fond en lieu et place des partenaires sociaux.

Les relations courantes du travail se prêtent rarement à l'intervention d'une personne extérieure : on lave son linge sale en famille ! La réglementation concernant le harcèlement moral encourage cependant le recours à un médiateur extérieur. Il s'agit cependant de relations déjà bien difficiles, où il peut souvent être question de rupture de la relation de travail. L'intervention d'un médiateur extérieur permet à la DRH de montrer qu'elle dispose bien d'une procédure permettant de traiter les questions de harcèlement moral. Si le comportement de harcèlement est récurrent, voire pathologique, le médiateur devra rapidement cesser son intervention. Si les comportements allégués sont en revanche le fruit d'une relation qui s'est dégradée, la médiation permettra de comprendre comment on en est arrivé là et rechercher des solutions. Un diagnostic, effectué par exemple par un psychologue, peut être souhaitable en amont de la médiation.

Les conflits individuels du travail nous placent à la frontière entre l'affaire interne et l'affaire externe puisqu'il est souvent question de rupture. En cas d'échec des tentatives internes de transaction (négociation), c'est souvent aux prud'hommes que ces conflits aboutissent. La conciliation prud'homale n'a cessé de décliner pour des raisons tant structurelles que méthodologiques[2]. Certaines cours d'appel ont cependant su saisir le potentiel de médiation avec succès. Des affaires portant parfois plusieurs années de contentieux trouvent une solution en médiation dans près de 60 % des cas.

Le Réseau des Médiateurs en Entreprise (RME, *www.mediateurs.fr*) regroupe des praticiens agissant dans les médiations interpersonnelles ou collectives du travail.

➤ Les médiateurs internes

Les médiateurs internes professionnels sont encore rares. Nous verrons plus bas que ceux agissant à titre informel sont en revanche assez nombreux (sans toujours le savoir). Les médiateurs internes sont assez

1. Voir A. Stimec, *La Médiation et l'entreprise*, Thèse de Doctorat, Université Paris I – Sorbonne, 2001.
2. A. Stimec, « La conciliation prud'homale : déclin et perspectives », *Revue Personnel*, Janvier 2002.

nombreux aux États-Unis, souvent issus des conventions collectives. Ils y ont été mis en place en grand partie pour pallier les limites du système public et en contrepartie des clauses de paix sociale (les syndicats s'engagent à X années sans conflits sociaux en contrepartie notamment de procédures équitables de traitement des différends individuels et collectifs, dont la médiation). Il existe quelques initiatives récentes en France dans ce sens. La mairie de Nantes à ainsi récemment nommé une personne comme médiatrice permanente pour traiter toutes sortes de différends du travail. Idéalement, la médiation ne devrait être qu'une réponse parmi d'autres (arbitrage hiérarchique, coaching, conseil, aide sociale...), après un diagnostic rigoureux. La médiation aura pour intérêt principal de permettre le débriefing de la relation de travail et la prise en compte des ressentis. Le médiateur interne peut ainsi agir avec une fonction de prévention des situations de harcèlement et permettre (indirectement) un meilleur diagnostic précoce.

Les médiateurs internes ont plutôt vocation à intervenir dans des affaires internes (individuelles voire collectives). Les relations entre particuliers et organisations offrent cependant quelques exceptions. Il y a bien entendu les médiateurs nommés dans les banques, assurances, ou grandes institutions. Il s'agit, comme nous l'avons vu, d'une mission d'ombudsman, c'est-à-dire d'un arbitrage moral avec quelques actions d'intercession. Le Crédit Mutuel de Loire Atlantique a cependant engagé une action originale puisqu'une équipe de consultants en relation clientèle, complétée par des salariés des caisses locales donnant 10 % de leur temps, agit entre les clients et leurs interlocuteurs habituels[1].

Le manager médiateur et les médiateurs occasionnels

Les occasions de médiation informelle sont multiples. Les acteurs concernés peuvent bien entendu les saisir pleinement ou les traiter autrement (décision, conseil, évitement...). Ce rôle n'est pas toujours conscientisé en tant que tel par le médiateur et l'intervention est souvent plus proche de la conciliation. L'acquisition d'une méthodologie

1. A. Stimec, « Une expérience originale de médiation », *Cahier de la revue Personnel-ANDCP,* n°64, 1999.

et l'identification de la posture de médiateur entraînent le passage de la conciliation spontanée à la médiation au sens où nous l'entendons ici. Les managers de toutes sortes sont concernés par ce type de situations. D'autres acteurs gravitant autour de l'entreprise peuvent aussi avoir, de manière parfois annexe, ce genre de rôle.

➤ Les managers médiateurs

Le rôle du manager s'est longtemps réduit au fameux PO3C (Planifier, Organiser, Coordonner, Contrôler, Commander). Le manager y est dans une position de directivité, d'arbitrage et de décision. Ce n'est que depuis une vingtaine d'années que le rôle de manager négociateur a commencé à s'imposer. Il faut motiver et autonomiser. Négocier est apparu comme l'un des meilleurs moyens de développer l'implication et la responsabilisation. Récemment est aussi apparue l'idée que le manager devait aussi être capable de coacher : permettre à ses collaborateurs de tirer le meilleur d'eux-mêmes. Dans le prolongement du rôle de négociateur, il apparaît maintenant que le manager doit aussi faciliter la négociation entre ses collaborateurs ou ses interlocuteurs. Beaucoup de situations se résolvent en effet mal par un arbitrage hiérarchique, même si cela est formellement possible. Beaucoup de négociations sont improductives s'il n'y a pas un accompagnement par une personne prenant un peu de recul.

Les situations possibles sont multiples : un chef de service doit organiser la rotation du travail et des présences pendant les vacances d'été, un responsable des ressources humaines est sollicité pour donner un avertissement à un salarié décris comme réticent à l'autorité, un responsable de projet est confronté au désaccord persistant et bloquant de deux personnes sur lesquelles il n'a pas de pouvoir hiérarchique... Dans chacun de ces contextes, il peut y avoir besoin de faciliter la négociation sans se positionner comme autorité ni même comme négociateur (temporairement au moins). Une fois la situation débloquée, le manager reprend l'une de ses autres « casquettes habituelles » et peut continuer à avancer dans la réalisation de ses projets ou de sa fonction.

Une étude que j'ai effectuée auprès de plus de 300 cadres montre que ces situations sont fréquentes. Un tiers des cas de négociations difficiles ou de conflits apportés par les répondants ont fait l'objet d'une telle intervention. Par ailleurs, 40 % des cadres ont indiqué avoir régulièrement observé des interventions de médiation (en référence à la définition que je leur ai donnée). Bien entendu, l'intervention dans ces situations mérite une formation et une réflexion spécifiques afin de développer une médiation fructueuse et authentique.

➤ D'autres médiateurs informels

D'autres acteurs gravitant autour de l'entreprise peuvent avoir ce rôle de médiateur informel : les inspecteurs du travail, les élus du personnel, les consultants, l'expert-comptable d'une PME... Dans le contexte spécifiquement français des relations collectives, l'intervention d'un médiateur professionnel étant rarement envisagée ou envisageable, c'est parfois l'inspecteur du travail qui se voit jouer un tel rôle, allant jusqu'à tenir l'ordre du jour de certaines assemblées. Il peut bien sûr intervenir sur des situations interpersonnelles : litiges sur le respect des zones fumeurs, incompatibilités d'humeur... Là encore, à défaut d'un cadre et d'une réflexion spécifique, l'intervention et sa nature dépendront des choix et capacités de chaque inspecteur du travail. Il peut aussi décider de rester dans le cadre de sa mission d'observation, de contrôle ou de recommandation.

Les élus du personnel ont souvent un rôle à jouer dans des positions d'interface. Là encore, certaines situations justifient de sortir des réponses traditionnelles : un salarié s'adresse au représentant du personnel pour faire état de discriminations dans le travail, les interventions d'un jeune ingénieur sont mal vécues par une équipe de techniciens expérimentés... Dans le cadre de situations de ruptures, une bonne relation entre un élu et un RH peut leur permettre d'agir conjointement comme médiateur (la présence de l'un et de l'autre assurant une certaine impartialité globale).

De nombreux consultants rencontrent des conflits dans le cadre de leur mission. Ils peuvent être préexistants, voire à l'origine, du recours à un intervenant (sans que cela soit nommé directement). Avant de mettre en place un nouveau système d'information et faire des recommandations techniques, il est nécessaire que les futurs utilisateurs soient d'accord sur l'usage souhaité et les objectifs. Des missions de réorganisation des profils de poste, du système de qualité, de la production... impliqueront souvent, de la même manière, de pouvoir gérer des conflits ou des différends. Une compétence de médiation est alors essentielle à la réussite de la mission dans sa globalité. Bien entendu, chaque consultant doit se doter d'une éthique et de garde-fous, afin de ne pas être instrumentalisé comme « sous-marin ».

Quand recourir à quel médiateur ?

Bien qu'il y ait des zones de recoupement possibles, chaque type de médiateur dispose d'une utilité et d'un espace d'intervention privilégié. Afin de mieux cerner les contextes pertinents j'ai défini ci dessous quatre types de médiateurs selon qu'ils sont externes ou internes d'une part, agissant dans un cadre formel ou informel d'autre part. Par ailleurs, la complexité et le niveau de tension des situations constituent deux critères majeurs. Par défaut, la médiation a donc tout lieu d'être interne et informelle dans le cadre du management courant. L'existence de facteurs émotionnels, l'ancienneté du conflit, la complexité des enjeux ou le caractère explosif de la situation conduisent à envisager un cadre plus formel et/ou un intervenant extérieur. Plus la situation est sensible, plus l'intervenant doit pouvoir fournir des garanties et un savoir faire spécifique, ce qui conduit à un cadre plus formel et à la recherche de compétences externes. Le choix implique d'arbitrer entre deux risques opposés :

- traiter systématiquement les situations connues de manière formelle et externaliser l'intervention pourrait conduire à décrédibiliser la hiérarchie intermédiaire et amplifier la dimension conflictuelle (ce serait reconnaître l'existence, taboue, d'un conflit). Le médiateur externe (ou même une personne de l'entreprise issue d'un autre site) peut être dans certains cas rejeté pour des affaires courantes : il ne connaît pas les enjeux locaux ni les personnes ;
- traiter systématiquement les situations de manière interne et informelle peut conduire à s'aventurer dans un processus que l'on ne pourra plus contrôler. C'est aussi prendre le risque de ne pas donner sa chance au dialogue tant qu'il en est encore temps. Dans certaines situations, seule une personne externe pourra libérer le non-dit en créant le climat de confiance nécessaire.

Dans tous les cas, les intervenants doivent faire attention à ce que la médiation ne signifie pas une remise en cause des fonctions et positions hiérarchiques. Pour beaucoup de personnes, négocier signifie symboliquement abandonner du pouvoir (même si pratiquement on peut au contraire gagner beaucoup d'autorité en négociant d'une manière constructive).

Tableau 1.2

	Médiateur externe/ cadre formel* (médiateurs professionnels)	**Médiateur externe/ cadre informel** (consultants, inspecteurs du travail… agissant à l'occasion)	**Médiateur interne/ cadre formel** (médiateurs internes en titre, RH dans certains cas…)	**Médiateur interne/ cadre informel** (managers, RH, chefs de projets…)
Situation de crise ou potentiellement explosive du fait de la complexité ou de tensions relationnelles				
Situation porteuse d'éléments complexes ou d'enjeux relationnels				
Situation courante				

* Il s'agit d'un cadre formel de médiation, c'est-à-dire que le processus est nommé et introduit de manière explicite pour chacun.

CHAPITRE 2

Les enjeux de la médiation

Il est possible de distinguer deux grands enjeux de la médiation : la dimension préventive et la dimension curative. La médiation curative a lieu quand il y a le feu. La médiation préventive vise à éviter l'embrasement. Bien entendu, un incendie sera souvent l'occasion de travailler ensuite des éléments de fond pour prévenir un nouvel embrasement. De plus, la médiation curative a toujours une fonction préventive vis-à-vis d'une aggravation possible.

La médiation préventive : faciliter le dialogue

Les impasses du dialogue courant

Les progrès en sciences humaines au cours des cinquante dernières années ont montré l'importance de l'écoute dans l'ensemble des relations. On peut retenir deux concepts particulièrement utiles pour cerner l'importance de l'écoute : l'empathie et le message « je ». Ces deux concepts ont des contraires : le jugement et l'agressivité qui participent généralement au conflit comme facteur aggravant (et conduisent à des effets d'escalade). Le médiateur devra ainsi agir fermement à ces deux niveaux pour canaliser la situation. À partir de là, une question demeure : pourquoi des comportements positifs, et plus généralement l'écoute, ne sont pas monnaie courante, même quand on y est sensibilisé et entraîné ? Enfin, de nombreux malentendus peuvent se fonder sur les multiples niveaux de perception d'un message.

➤ Carl Rogers et l'empathie

Bien que rentrée dans le vocabulaire courant, l'empathie n'est pas une attitude évidente. Nous sommes généralement enclins à ressentir soit de la sympathie, soit de l'antipathie, parfois de l'indifférence (ou apathie) face à une relation. Bien que cela ne soit pas complètement contrôlable, aucune de ces attitudes n'est en général utile dans le règlement d'un conflit, comme en médiation. La sympathie risque de conduire à l'oubli de soi (ou de sa mission, en médiation) et donc maintenir le conflit, l'antipathie au rejet de l'autre et l'indifférence/apathie à l'impossibilité d'aborder réellement les problèmes. Ces trois attitudes peuvent alimenter le conflit et sont des obstacles à l'écoute nécessaire. Il s'agit en effet soit d'un jugement (sympathie, antipathie) soit d'une indifférence (apathie) qui créent une barrière.

Carl Rogers insiste, pour la thérapie initialement, sur trois points clefs, tout aussi importants pour la médiation et la relation d'écoute : la congruence (cohérence et authenticité), l'acceptation et l'empathie[1]. L'empathie est une relation particulière qui consiste à se mettre à la place de l'autre, à accéder à la vision du monde de l'autre. C'est un voyage dans l'intérieur de l'autre sans pour autant perdre la conscience d'être soi. Il ne s'agit pas d'endosser les problèmes de l'autre et de s'oublier (ce risque concerne les parties en conflit autant que le tiers[2]). Cette empathie va être utile dans une situation conflictuelle car elle permet de satisfaire le besoin d'être compris. Elle permet aussi souvent, sans rentrer cependant dans une relation thérapeutique, de faire évoluer la situation et le mûrissement de l'autre en lui offrant un miroir de lui-même. Il s'agit d'une connexion particulière mais fragile qui peut se briser dès qu'il y a la volonté de saisir, contrôler, diriger.

1. Pour aller plus loin, il est possible de commencer avec Thorne B., *Comprendre Carl Rogers*, Privat, Paris, 1992.
2. Le travailleur social, le DRH, le représentant du personnel, comme le médiateur, risquent toujours d'endosser la charge des problèmes de leurs interlocuteurs et éventuellement d'en récupérer les troubles.

➤ Thomas Gordon et le message « je » – la toxicité du message

En dehors d'une relation d'empathie, il est courant de s'exprimer avec du message « TU » qui souvent tue la relation, car il est porteur de jugements sur l'autre. Thomas Gordon[1] indique donc qu'il faut privilégier le message « JE », c'est-à-dire parler de soi, de sa subjectivité (besoins, ressentis) en le situant dans un contexte objectif. Dire à sa femme « TU es vraiment comme TA mère, il faut que TU TE mêles de tout » est typiquement un message toxique ; qui a toutes les chances d'entraîner une scène de ménage et peu d'évolution positive. Dire, dans la même situation « Quand tu interviens dans une discussion que je suis en train de mener, je me sens dépossédé et cela m'irrite fortement[2] » donne de meilleures chances d'une prise en compte (chacun doit transposer ceci dans son propre style de communication et d'expression, en conservant le principe, pour que cela ne soit pas artificiel).

Bien que le concept de message « je » soit largement répandu, il est parfois mal compris et semble peu explicite, en tout cas en français. Il est possible de le situer par rapport au message toxique, c'est-à-dire déclenchant chez l'autre un désir (parfois réprimé mais avec une difficulté proportionnelle à la toxicité) de contre-attaque ou de défense. L'élément toxique (comparable à un virus) déclenche une riposte (les globules blancs) et rend le message invisible. Il y a comme des épines autour du message, rendant l'écoute vraiment difficile.

La toxicité du message est aussi quelque chose qui varie selon le contexte ou les groupes sociaux (sexe, âge, culture…). Dire à un ami « Là, tu déconnes » n'a pas le même impact que de le dire à quelqu'un avec qui la relation est plus formelle (client, patron, voisin…). De même « couillon » ne sera vraisemblablement pas ressenti (en moyenne) de la même manière à Lille ou à Marseille. Au sein d'un couple et dans certaines cultures, il y a des propos et même des sujets qui vont être vécus comme inappropriés (donc toxiques) alors que cela peut sembler

1. Les travaux de Thomas Gordon ont plus de trente ans mais on peut lire l'un de ses derniers livres, où il actualise et synthétise son modèle : Gordon Th., *Relations efficaces*, Le Jour Éditeur, 2002.
2. On pourrait argumenter que le terme « dépossédé » reste porteur d'un jugement sur l'autre (qui serait l'auteur de la dépossession). Il y a cependant un équilibre à trouver entre la non-violence du propos et l'économie de moyen. Un message voulu sans jugement peut aussi être agaçant par sa longueur et son imprécision.

être un sujet naturel par ailleurs (par exemple parler de contraception, refuser une relation sexuelle...). Le rôle du médiateur est de limiter les effets toxiques (du point de vue des parties et non simplement du sien) en préservant le contenu du message. Le recadrage (voir p. 94) permettra de passer du message toxique au message non toxique (où l'on parle en général de soi en minimisant reproches et jugements).

Les freins à l'écoute

Comment expliquer, malgré l'extraordinaire diffusion des connaissances et techniques de communication, que nous soyons aussi peu enclins à écouter (car la difficulté à écouter que l'on peut reprocher aux autres n'épargne pas les médiateurs) ? Pourquoi écoute-t-on souvent encore assez mal, même après un séminaire spécialisé ? Certes, nous en sommes souvent conscients, après coup, et nous sommes persuadés des vertus de l'écoute mais...

L'explication réside peut-être à un niveau profond, non pas technique (reformulation, par exemple) mais cognitif. Il y a en particulier trois grands freins cognitifs à l'écoute. Le premier frein est la confusion entre comprendre et être d'accord[1]. Elle se retrouve dans l'adage « Qui ne dit mot, consent ». Chacun se sent comme obligé de corriger immédiatement, ne pas laisser dire cela... de peur que cela soit reçu comme un consentement. Puisque l'on n'est pas d'accord, inutile de chercher à comprendre ! On pourrait risquer de changer d'avis !

Le second frein est le besoin de vider son sac... avant de pouvoir le remplir. Lorsque deux personnes ressentent une grande frustration, il y a deux besoins très forts qui ne trouvent pas preneur. *Deux vendeurs, pas d'acheteur !* Les deux interlocuteurs ont besoin de rencontrer de l'empathie (voir plus haut Carl Rogers) mais peuvent difficilement en donner car ils sont noyés dans leurs problèmes. Lorsque ce besoin est très fort de part et d'autre, la communication directe sera difficile et un médiateur peut être très utile (bien qu'il soit possible sans médiateur de faire le premier pas d'une écoute authentique). Le médiateur sera « l'acheteur » que les deux personnes attendaient. Il favorisera ainsi un premier apaisement qui permettra de réamorcer ensuite une écoute directe.

1. Ghazal M., *Mange ta soupe et tais-toi !*, Le Seuil, 1992, p.60.

Un troisième frein est la toxicité du message (que nous avons examiné plus haut). Vous aurez d'autant plus de mal à écouter que la personne en face vous dévalorise, vous insulte, déforme votre vécu... (la confusion entre comprendre et être d'accord est en quelque sorte renforcée). Pourtant, la colère nous amènera souvent à agir de la sorte. Elle entraîne à la fois une diminution de l'écoute et renforce la frustration de ne pas être écouté... générant encore plus de colère qui ensuite peut conduire à des propos toxiques... C'est le cercle vicieux. La présence du médiateur doit permettre de limiter les effets toxiques pour se centrer sur le message (en l'absence de médiateur, on cherchera à être le moins toxique possible et à amener l'autre à exprimer son ressenti d'une manière saine) : ce n'est pas la colère qui est problématique (au contraire, la colère est une émotion comme une autre) mais la toxicité qui peut l'accompagner.

APPLICATION À LA MÉDIATION

Prenons un dialogue reconstitué qui peut mobiliser les trois freins :

Rencontre entre un chef de service (C) et un employé (E) qui a déserté son poste de travail un mercredi après midi. Le chef s'en est rendu compte devant le directeur général (DG), lors d'une visite de ce dernier... qui s'est alors inquiété de l'autorité du chef... L'employé avait besoin de cet après-midi pour conduire sa fille à l'hôpital et son chef, lorsqu'il avait tenté de lui en parler la semaine précédente (sans avoir le temps de donner ses raisons), lui avait simplement dit « Mercredi, ce n'est pas possible, débrouillez-vous ». Le chef était limité dans son écoute du fait du stress de la visite programmée du DG.

CHEF (C). — *Pourquoi avez-vous fait ça ?* [Il pose une question mais n'attend pas vraiment de réponse. Dans le fond, il refuse de comprendre, car il n'est pas d'accord avec ce qui s'est passé.]

EMPLOYÉ (E). — *Parce que...* [petite voix].

C. — *Il n'y a pas de parce que ! Après tout ce que j'ai fait pour vous. Je vous ai sorti du chômage et de la précarité avec ce CDI, mais vous n'êtes qu'un rustre ingrat* [début de propos toxique], *vous finirez dans la rue !*

E. — [la référence à la rue fait mouche, le salarié monte au créneau] *Et vous en avez bien profité, de toutes les heures supplémentaires non payées que j'ai faites ! Les patrons sont bien tous les mêmes...*

L'intervention d'un médiateur est certainement souhaitable dans un dialogue de ce type où aucun des deux ne semble disposer à temporiser. Reprenons ce dialogue avec l'intervention d'un médiateur.

C. — *Pourquoi avez-vous fait ça ?*

E. — *Parce que...* [petite voix]

C. — *Il n'y a pas de...*

MÉDIATEUR (M). — [intervient tout de suite pour éviter l'escalade] *Monsieur ! Vous avez l'air très déçu de ce qui s'est passé* [relance vers le message que Monsieur a à exprimer].

C. — *Mais oui, j'ai tout fait pour lui... mais c'est un ingr...* [on le sent repartir vers le toxique après un instant de centrage].

M. — *Vous avez voulu l'aider et vous êtes déçu de ce qui se passe maintenant, c'est ça ?* [le médiateur recentre vers le message en évitant le propos toxique – il offre toute son empathie mais empêche l'agression toxique].

C. — *Oui...* [il raconte éventuellement davantage : le soutien apporté alors que l'employé n'avait pas les diplômes, l'envie de donner sa chance à quelqu'un qui avait un profil atypique...].

M. — *Monsieur, vous entendez la déception que ressent votre chef* [le médiateur agit en passeur de message].

E. — *Mais...* [il va dire : *mais c'est un mensonge, j'ai demandé mais on m'a refusé,* il est évidemment dans la confusion entre comprendre et être d'accord].

M. — [le médiateur est à ce stade encore assez directif sur la forme pour éviter les dérives escalatoires et recentre vers le message]. *Vous entendez que votre chef est déçu que vous l'ayez quitté après toutes ces années ?*

[Le médiateur poursuivra de la même manière, dans l'autre sens, lorsque l'employé parlera du problème de santé de son fils et de la nécessité d'une consultation, difficile à obtenir, et programmée ce jour là... Progressivement, il aura moins besoin d'être directif – mais restera vigilant – et les parties pourront se parler directement.]

Les différents canaux de communication et les malentendus

➤ Les quatre canaux de la communication selon Schultz von Thun

Le modèle de Schultz von Thun[1] permet de décrire d'une manière très pédagogique quatre des canaux principaux de la communication. Il y a

1. Schultz Von Thun F., *Miteinander reden*, Hamburg, Reinbeck, 1994.

risque de malentendu lorsque l'émetteur se place à un niveau et le récepteur à un autre. Prenons un exemple simple. En voiture, un homme dit à sa femme : « le feu est vert ». Il y a alors (au moins) quatre compréhensions possibles suscitant des réactions différentes.

- La femme peut le prendre comme une information factuelle : le feu était rouge et il est maintenant vert.
- Elle peut aussi lire une irritation ou une impatience chez son mari. Le message porte souvent une information sur l'émetteur que l'on déduit en fonction du ton, de la forme du message…
- Elle peut aussi percevoir un reproche voire un jugement sur sa manière de conduire, son manque de réactivité… Il se peut que la répétition de la même scène au cours du trajet produise un agacement (réciproque). Il y a donc aussi potentiellement quelque chose concernant la relation.
- Enfin, ce message « le feu est vert » peut être lu (à juste titre ou non) comme un appel à réaliser quelque chose, par exemple démarrer.

Beaucoup de malentendus et de conflits sont alors possibles. Parfois l'on pense être factuel « Il fait chaud » mais le message peut être perçu comme l'indication d'un mal être ou d'un bien être (information sur soi), un reproche : « Tu as mis trop de chauffage » (information sur la relation) ou une demande (« Baisse le chauffage »). La réponse pensée aussi (partiellement) comme factuelle (par exemple : « Il fait 19 °C ») peut être perçue avec le même type de malentendus : « Ça me va bien », « Tu es frileux », « Mets un pull ».

➤ Les malentendus

Les exemples et le modèle qui précèdent montrent que les malentendus sont fondés sur le décalage entre intention et impact[1]. Il est habituel et même souhaitable d'interpréter et se représenter dans un contexte les propos reçus. Sans cela, beaucoup d'échanges seraient même incompréhensibles ou excessivement lourds. Cette connivence a cependant des ratés et provoque des malentendus. Il est alors utile de pouvoir revenir sur l'intention (par exemple avec l'aide d'un médiateur) pour comprendre en quoi elle a eu un impact différent (souvent négatif). Nous

1. Stone D., Patton B., Heen S., *Comment mener les discussions difficiles*, Paris, Le Seuil, 2001.

verrons que cela est très important en médiation dans le recadrage des représentations.

Dans un dialogue entre un délégué syndical et un directeur de site de production, le délégué dit « C'est vrai, la direction ne fait pas que des propositions idiotes ». Il veut dire « Je suis d'accord avec certaines de vos propositions et je veux bien y travailler avec vous ». Dans le contexte de relations direction/syndicats tendues, il s'agit même d'une ouverture plutôt rare. Le directeur interprète : « Vos propositions sont le plus souvent idiotes ». Il réagit donc d'une manière particulièrement cinglante (qui sera vécue par le délégué syndical comme injuste – et suscitera l'envie de riposter – puisque lui venait de faire un pas).

Pour terminer sur ce point, il m'a été rapporté l'histoire d'un couple de Britanniques qui depuis 20 ans vit dans un malentendu fâcheux. Chaque matin, le mari amène le thé à se femme au lit à six heures. Elle l'accueille avec un grand merci. Il redescend l'escalier en (se) disant à demi-voix : « Qu'est-ce qu'il [ne] faut pas faire ! ». Dans le même temps, elle vide le thé dans l'évier de sa chambre, se recouche en (se) disant : « Ah, si je pouvais une fois dormir tranquille… ». Outre le décalage entre intention et perception, ce cas montre le piégeage du « mensonge pieux », pour ne pas faire de peine. Comment revenir en arrière après vingt ans d'errance ?

La négociation « classique » de positions

C'est souvent dans la vente que la négociation classique prend sa forme la plus caricaturale :

Jacques voudrait offrir un train électrique de collection à un ami qui part en retraite le mois prochain. Il se rend sur un marché où plusieurs marchands vendent des produits de ce type. Après avoir fait un tour, il repère le modèle qui ferait tout à fait l'affaire : une reproduction de l'Orient-Express ! Bien entendu, il n'a pas idée du prix à mettre et craint que le vendeur n'en profite.

> JACQUES. — *Vous le vendez combien, le TGV ?* [il tente une stratégie classique consistant à s'intéresser à un autre objet avant de se rabattre sur l'objet convoité].

VENDEUR. — *Bonjour !* [le vendeur croit repérer qu'il ne s'agit pas d'un connaisseur dans la manière de fureter]. *Alors vous cherchez un train électrique ?*

JACQUES. — *Oui, oui… combien coûte le TGV ?*

VENDEUR. — *Et vous, vous en donnez combien ?* [le négociateur classique cherche souvent à faire parler l'autre en premier pour mieux se positionner derrière].

JACQUES. — *Bah, c'est vous le vendeur, il faut me donner un prix et j'aviserai.* [même tactique].

VENDEUR. — *Le TGV, c'est une affaire. Dans le commerce, il valait 600 €. Là, vous l'avez pour 400 €, et vous n'en trouverez plus des comme ça, maintenant tout est en plastique. Vous voyez…* [tactique d'ancrage à 600 € pour faire valoir une bonne affaire].

JACQUES. — [il interrompt le discours pour ce produit qu'il ne souhaite pas acheter] *Oh là, c'est vraiment très cher. Non tant pis…* [il utilise la technique du départ, dans l'espoir d'être rattrapé et ainsi de prendre un avantage… attention à ne pas marcher trop vite !].

VENDEUR. — *Attendez, on peut discuter…*

JACQUES. — *Non, là c'est vraiment trop, je vais me rabattre sur ce vieux train-ci* [il pointe l'objet réellement convoité]. *Celui-là ne doit pas valoir bien cher dans l'état où il est !* [stratégie de dévalorisation de l'objet dans l'espoir d'obtenir une remise ou un prix de départ plus bas].

VENDEUR. — *Ah là, ce n'est pas un vieux train mais un train de collection, fidèle reproduction de l'Orient-Express. Il ne vaut mieux pas que je vous en donne le prix !* [le vendeur teste l'intérêt].

JACQUES. — *Allez-y…*

VENDEUR. — *600 €.*

JACQUES. — *Mais il est tout usé partout…*

VENDEUR. — *Oui, c'est un objet de collection, produit dans les années 1950. C'est l'un des derniers existants. Une pièce unique !*

JACQUES. — *Ça, je m'en fiche, moi je vous en donne 200 €, pas plus* [technique du tiers de prix].

VENDEUR. — *Si vous en trouvez un à ce prix-là, je vous l'achète sur-le-champ !* [un grand classique !] *Mais puisque vous êtes fort en affaires* [technique de la flatterie], *je peux vous faire un prix, disons 500 €.*

JACQUES. — *Non, ça ne les vaut vraiment pas, mieux vaut encore le TGV à 400 €. Je vous propose 300 €, mais c'est mon dernier prix.*

VENDEUR. — *Écoutez, ce train-là, c'est comme une montre suisse, un produit à garder à vie... J'ai un acheteur intéressé à 400 €, si vous me le prenez tout de suite, il est à vous pour 450 €, sinon je le lui vends cet après-midi* [technique de l'autre acheteur : bluff ou pas ?].

JACQUES. — *Même à 400 € je ne le prends pas... à 350 €, ça peut encore se faire. Mais c'est vraiment mon dernier prix !*

La négociation peut souvent rester bloquée à ce stade. Parfois un compromis (couper la poire en deux pour en finir) permettra d'aboutir à un montant donné, par exemple 400 €. Jacques repart content, il a eu 30 %. (Mais ... Si le vendeur avait démarré à 900 € ? ... Et que vaut vraiment ce produit ? S'adapte-t-il encore sur les rails commercialisés ? Est-ce qu'il fonctionne ?, etc.)

☞ **Cet exemple sera repris à la fin de la partie sur la négociation raisonnée, avec cette fois Jacques comme négociateur raisonné...**

L'approche classique ne s'arrête pas à des situations de vente. La même histoire peut être racontée dans la famille (heure de permission de sortie des enfants, choix du lieu de vacances) ou dans l'entreprise (budget, embauche de nouveaux collaborateurs, sous-traitance...).

En conséquence, les négociateurs utilisent souvent de mauvais indicateurs (pour évaluer leur résultat de négociation) et de mauvais leviers. Les indicateurs couramment employés sont : les concessions, le temps et la résistance. Le négociateur classique est donc rassuré quand il a obtenu des concessions (de préférence plusieurs), quand il a senti la résistance de l'autre et que cela a pris un certain temps (ces deux points lui font penser que l'on approche du mythique point de rupture). Malheureusement, les concessions sont souvent anticipées par l'autre partie (elle augmente sa demande de départ en conséquence, et donc, rien ne garantit que le résultat soit satisfaisant ou juste). De plus, le temps et la résistance peuvent aisément être manipulés (en s'appuyant par exemple sur les limites à la rationalité). Outre l'utilisation de mauvais indicateurs, les personnes en négociation ont trop souvent recours à des leviers inefficaces ou dommageables pour la relation : enfermement dans la guerre des positions, argumentation excessive tournant à l'argutie, bluff, etc.

La négociation « raisonnée » : un support pour le médiateur[1]

La méthodologie de la négociation raisonnée

Le premier point de la négociation raisonnée est de focaliser la négociation sur les **intérêts** (préoccupations, besoins, motivations…) plutôt que sur les positions. Lorsqu'il y a deux demandes incompatibles, cela consiste à rechercher « ce qu'il y a derrière ». Cela ouvre en général des perspectives multiples.

Le second point est le recours à des **critères objectifs** pour sortir des points de vue différents. Il doit s'agir d'une référence extérieure aux parties considérées (ou bien déconnectée de la situation présente : par exemple un contrat passé). Ce peut être un taux, un usage, un texte de loi, une expertise… Il est souvent utile d'acter l'acceptation d'un principe général en s'appuyant sur une loi, un indice, un expert… et de s'accorder sur ce que l'on en fera avant de le chiffrer ou d'en donner le résultat : cela évite les arguties. Le critère objectif n'exclut pas ensuite une prise en compte des préoccupations. Il existe deux variantes : le critère de légitimité et le processus objectif. Le critère de légitimité n'est pas extérieur à la sphère de la partie qui l'allègue mais permet d'illustrer sa bonne foi (par exemple le chiffrage est fondé sur des hypothèses et non pas tiré du chapeau). Le processus objectif permet d'effectuer un partage (« l'un coupe, l'autre choisit », utilisé par les enfants) ou de sortir d'une impasse (tirage au sort par exemple). Le critère objectif, d'une manière générale, a le mérite de pouvoir couper court aux guerres d'arguments stériles.

Ensuite, il est important d'être créatif en générant le plus possible d'**options** (d'idées) que l'on cherchera satisfaisantes pour soi comme pour l'autre (si l'un veut s'amuser et l'autre dormir, que peut-on trouver ? ex. : celui qui fait la fête assure un hébergement dans un lieu calme à son voisin). Si l'on se cantonne à ce que l'on a toujours fait, on aura ce que l'on a toujours eu ! La recherche d'options suppose donc de sortir des sentiers battus, ce qui ne peut se faire que par une prise en compte de tous les engagements en jeu. Trop souvent, on peut avoir

1. Pour aller plus loin et avoir une approche globale de la négociation, voir A. Stimec, *La Négociation*, Dunod, 2005.

tendance à se focaliser sur un aspect visible (généralement une position : par exemple le prix) en oubliant les autres dimensions. Si un adolescent vous demande une permission de sortie, la réponse à la demande (oui/non) n'est pas le seul aspect. Il convient vraisemblablement d'aborder d'autres points (la nature de la sortie, l'heure de retour, le moyen de transport, les accompagnateurs...). Chaque point nécessite un accord et est un morceau de la négociation. Le listing préalable de tous les points peut composer l'**ordre du jour**.

Fisher et Ury recommandent par ailleurs de bien veiller à la **communication** tout au long de la négociation. Il s'agit en particulier de faire la différence entre comprendre et être d'accord, ce qui est le principal frein à l'écoute. Pour faciliter la distinction, le négociateur veillera à éviter les propos « toxiques » qui engendrent des réactions de défense. Quand chacun se sent trop atteint pour pouvoir offrir une écoute, mieux vaut reporter la discussion (qui risque alors d'être stérile) ou bien faire appel à un médiateur. De plus, il est très fréquent d'observer des confusions lourdes de conséquences au niveau de la **relation** de négociation entre ce qui concerne les personnes et ce qui concerne le problème à traiter. Il s'agit généralement soit de concessions faites pour préserver la relation mais qui ne font que reporter le problème, soit de jeux de pressions ou séductions exercés pour faire céder. Enfin, il est utile de se préparer à l'échec de la négociation (justement pour mieux l'éviter) ou à faire face à l'abus de pouvoir de l'autre partie. Il s'agit de la ***mesore*** (meilleure solution de rechange). Elle est en quelque sorte le filet de sécurité de l'équilibriste qu'est le négociateur (elle se prépare donc avant la négociation). Plus le filet est haut, moins la chute est douloureuse et plus on a le pouvoir de dire non. La *mesore* est ce que chacun pourra faire en cas d'impasse de la négociation (aller en justice, régler le problème autrement...).

Les indicateurs de la négociation raisonnée sont donc : les intérêts (la connaissance de soi protège des manipulations et la bonne prise en compte de l'autre favorise le respect des engagements), les critères objectifs (s'appuyer sur ce qui se passe autour de soi plutôt que de tourner en rond) et la *mesore* (tout ce qui est meilleur que la *mesore* peut être bon à prendre). Un quatrième indicateur, subjectif mais souvent révélateur, est d'interroger son état émotionnel.

Les leviers sont les intérêts (il est plus facile de faire bouger quelqu'un dans un sens qui lui convient), les critères objectifs (il est plus facile d'accepter une réalité établie que la simple volonté de l'autre), les options (la créativité, fondée sur les intérêts de chacun est une voie essentielle de construction en commun), la *mesore* (à utiliser, prudemment, en cas d'impasse). Tout cela n'est possible qu'avec une bonne écoute et communication, la précision et la validation de tous les engagements à prendre, la juste répartition de ce qui concerne le problème à traiter et de ce qui concerne les personnes.

Reprenons l'exemple de Jacques et du vendeur de train.

Jacques a repéré le train Orient-Express, mais ne se précipite pas dessus. Il pose à d'autres vendeurs des questions générales pour être à même de repérer les trains de qualité (qu'est-ce qui fait la différence entre celui-ci et celui-là ?), les critères de prix, l'état... Il peut aussi téléphoner à la femme de son ami pour qu'elle consulte le guide officiel des collectionneurs rangé dans sa bibliothèque, ou consulter Internet dans le cybercafé voisin... Bref, il se constitue des critères objectifs.

JACQUES. — *Bonjour !*

VENDEUR. — *Bonjour.*

JACQUES. — *J'aimerais avoir des informations sur ce tr*ain [il ne fait pas de contournement mais ne saute pas non plus sur le prix tout de suite].

VENDEUR. — *Ah oui, c'est un très beau train... que voulez-vous savoir ?*

JACQUES. — *Est-ce bien un train de marque VS et de quand date ce train ?*

VENDEUR. — *Oui, c'est un VS de 1953 !*

JACQUES. — *Ah, donc c'est la deuxième série* [en se renseignant, Jacques a pu comprendre qu'il y avait eu trois séries de fabrication, il montre au vendeur qu'il s'est renseigné mais ne cherche pas non plus à paraître plus expert qu'il ne l'est].

VENDEUR. — O*ui... en parfait état.*

JACQUES. — *Avec quoi est-il vendu ?* [Jacques identifie le périmètre des points d'engagement avant de parler prix. Est-ce que des rails sont vendus avec, est-ce qu'il y a un certificat d'origine, une garantie...].

VENDEUR. — *Je le vends avec le circuit que vous voyez, le transformateur... j'ai aussi la facture d'origine... tout ça pour 400 €, une sacrée affaire !* [le vendeur n'ose pas proposer un prix démesuré dans ce contexte].

JACQUES. — *Combien vaut un circuit comme ça, seul ?* [Jacques sait que son ami dispose de rails d'un circuit compatible].

VENDEUR. — *Rien que ça, c'est dans les 100 € avec le transfo.*

JACQUES. — *Vous seriez susceptible de les déduire du prix ?*

VENDEUR. — *Oui, ça peut se faire, il y a des amateurs.*

JACQUES. — *Avez-vous ici un guide du collectionneur pour que l'on regarde ensemble la valeur indiquée pour le lot ?*

VENDEUR. — *Oui mais..., c'est indicatif le guide.*

JACQUES. — *Bien sûr... alors je lis 300 à 350 € c'est bien ça ?*

VENDEUR. — *Oui mais il est en parfait état !*

JACQUES. — *C'est vrai* [Jacques a vérifié les points clefs révélateurs de l'état, sur lesquels il s'était préalablement informé], *voyons ce que le guide prévoit... Ajouter 50 € si le matériel est en parfait état... ça fait donc entre 350 € et 400 €, moins 100 € de reprise pour les rails et le transfo, ça fait 250 € à 300 € pour le train seul et son certificat...* [le critère objectif est posé entre les deux négociateurs. Cela conduit souvent à une fourchette plutôt qu'à un chiffre... ce n'est donc pas terminé.]

VENDEUR. — *300 € d'accord mais pas 250 €* [bien entendu, le vendeur préfère le haut de la fourchette].

JACQUES. — *En quoi moins de 300 € vous poserait problème ?* [Jacques cherche à comprendre l'intérêt du vendeur, ce qui risque de le bloquer à 300 €].

VENDEUR. — *Il faut que je gagne ma vie Monsieur. La cote, c'est une chose, mais c'est entre le haut et le bas que je peux gagner ma vie...*

JACQUES. — *Je comprends, il est normal que vous gagniez votre vie* [Jacques rassure le vendeur sur sa volonté de préserver ses intérêts en même temps que les siens], *mais dites-moi, que faites-vous pendant les heures creuses sur le marché ?* [Jacques a une idée, car il a vu que ce vendeur était aussi réparateur et sait que son ami a parfois de la casse, ce type de matériel étant sensible].

VENDEUR. — *C'est là que je fais les réparations... mais il n'y en a pas tout le temps surtout en semaine. Les collectionneurs les font eux-mêmes sauf pour les trucs pointus.*

JACQUES. — *J'ai une idée, je vous achète le train à 300 € et vous me le garantissez un an (pièce jusqu'à 50 €)... Et s'il y a un problème, l'ami à qui je vais l'offrir viendra en semaine à un moment où vous êtes moins dérangé* [Jacques propose une idée qu'il cherche satisfaisante pour les deux].

Jacques recherche les moyens de faire une bonne affaire, mais comprend qu'il est plus facile de l'obtenir d'une manière intéressante pour le vendeur. Il peut aussi proposer d'obtenir un prochain achat au prix du bas de la cote, ou bien un avoir de 50 € sur un achat d'au moins 200 €. Un compromis à 275 € serait ici acceptable, car fondé sur un critère objectif et non des offres marchandées... mais ce n'est pas la solution la plus satisfaisante.

Le médiateur : un catalyseur de négociation raisonnée

La négociation raisonnée enrichit l'intervention du tiers médiateur et l'aide à se démarquer d'une simple approche de conciliation. Il ne s'agit pas de rechercher des compromis fondés sur des concessions. Il est dangereux à long terme d'exploiter la relation pour obtenir des concessions. Au contraire, beaucoup de problèmes peuvent être débloqués en recherchant les intérêts (ou préoccupations) qui alimentent les positions. Avec un effort de créativité, il est alors possible d'inventer des solutions adaptées aux intérêts de chacun (en minimisant les concessions plutôt qu'en les recherchant). Dans certains cas, il faut tout de même rapprocher des positions sans pouvoir (ou avant de pouvoir) satisfaire les intérêts. La référence à des critères objectifs peut fonder un changement de position acceptable en évitant les arguments subjectifs dans lesquels on peut se noyer. Le tableau ci-dessous reprend les sept points clefs de la négociation raisonnée avec quelques processus que le médiateur peut mettre en œuvre pour être un catalyseur de négociation raisonnée.

Tableau 2.1

Principe clef	Utilisations par le médiateur
Négocier en s'appuyant sur les intérêts et non sur les positions	1. Lorsque des positions sont exprimées, demander pourquoi (en quoi est-ce important pour vous ? qu'est-ce que ça vous apporterait ?) 2. Reformuler et noter les intérêts exprimés (par exemple sur un tableau) et ne pas insister sur les positions
S'appuyer sur des critères objectifs	1. Poser des questions : sur quoi pourrait-on s'appuyer pour savoir ce qui est juste ? comment est-ce que cela se passe habituellement ? quelles sont les normes de la profession ? 2. Accompagner le recours à des critères objectifs en plusieurs étapes : identifier un principe général commun (une rémunération équitable) puis un principe de référence (le marché), rechercher ensuite un ou plusieurs espaces de référence (la grille des salaires, une étude INSEE, la moyenne publiée par une association professionnelle) avant d'aborder tout chiffrage. Cette progressivité se justifie car chaque étape peut être porteuse d'un désaccord : ne pas chercher une rémunération équitable (alors pourquoi ?), ne pas reconnaître la loi du marché, préférer tel ou tel espace de référence…

☞

Tableau 2.1 (*suite*)

Développer des options (idées créatives)	1. Organiser une séance de créativité une fois les intérêts exprimés. 2. Encourager les parties à regarder ce qui a été fait dans des situations similaires.
Communication	1. Proposer et faire respecter des règles de communication afin de protéger l'espace de parole et les personnes : réguler les interruptions et les attaques personnelles. 2. Reformuler les points principaux et s'assurer de leur intégration.
Relation : séparer les enjeux de personne et le problème	1. Encourager l'expression (canalisée) des émotions. 2. Être vigilant quant aux risques de concessions dans l'espoir de préserver la relation : cela est souvent source de déception et futurs conflits.
Engagements	1. Lister et organiser un ordre du jour 2. Reformuler et faire valider les points d'accord avec précision
Mesore	Si nécessaire, notamment en cas d'impasse prolongée : 1. aider les parties à clarifier leur préférence pour une solution passant par l'expression du pouvoir ou de la négociation. 2. aider les parties à évaluer ou réévaluer leur *mesore* et celle de l'autre.

La médiation curative : sortir des conflits

En dehors des situations courantes où le médiateur agit comme facilitateur à titre préventif, il peut intervenir sur des situations qui apparaissent dans l'impasse. Il devra non seulement mobiliser les outils décrits précédemment, mais aussi faire face à des effets structurels et interpersonnels plus lourds. À partir d'une impasse ou d'un blocage, le médiateur découvrira souvent que tout est pourtant parti d'un projet, parfois même d'un projet commun…

Du projet au conflit

Même si ce n'est pas toujours visible en situation de conflit, la plupart des relations ont commencé par un projet, souvent porteur d'intérêts communs : une embauche, un partenariat, une sous-traitance... D'autre part, la plupart des projets portent déjà, dès leur naissance, des éléments de tensions sources de conflits possibles. L'enthousiasme du projet peut conduire à les ignorer ou les minorer. Selon la manière dont elles vont être gérées, ces tensions pourront avoir des effets positifs, négatifs ou neutres. Autrement dit, le conflit est déjà là mais il peut se manifester de différentes manières. Si le conflit est le plus souvent perçu comme quelque chose de négatif, c'est qu'il y a une confusion entre le conflit et ses manifestations.

Un conflit est la rencontre de projets, émotions ou représentations *perçus* comme contraires ou incompatibles et pouvant provoquer, du fait de l'opposition qui en découle, un blocage ou un désordre.

Il convient d'ajouter quelques remarques. Cette définition mentionne des exemples de manifestations négatives (blocage, désordre... violence) mais le conflit peut aussi se traduire par quelque chose de positif et d'agréable : l'amélioration d'une situation donnée, l'apaisement, le changement... Le conflit est dans cette définition quelque chose de normal et habituel. Nous ressentons chaque jour des tensions liées à la rencontre d'éléments contraires : aller au cinéma ou plutôt terminer un dossier. Le conflit n'est pas pathologique mais certaines manifestations peuvent l'être.

Le mot « perçu » est en italique dans la définition, car le conflit est avant tout une affaire de perception, qui peut être indépendante de la réalité objective. Il peut y avoir un conflit sans que cela soit manifeste (on parle alors de conflit latent) et même, sans que la ou les autres parties concernées le sachent.

Exemple

Au sein d'un service, Pierre a laissé un petit mot le matin pour demander à son collaborateur de finaliser un projet. Il a oublié que c'était la veille d'un examen professionnel que son assistant devait passer et pour lequel il avait demandé du temps libre. L'assistant effectue le travail au plus vite pour ne pas perdre trop de temps sur ses révisions. Il est en colère après son manager qui n'a pas respecté l'engagement pris il y a quelques semaines. Le lendemain, Pierre sera surpris de la froideur de son collaborateur. Il trouve par ailleurs le travail un peu bâclé, d'autant plus qu'il ne se rappelle pas avoir demandé autre chose ce jour-là (et aucun RDV n'est sur le planning).

La tension conflictuelle est là mais rien n'est verbalisé. Un incident dans la matinée pourrait bien agir comme une allumette dans une pièce pleine de gaz. Il est possible aussi qu'une franche explication puisse désamorcer le malentendu et permette de prévenir ce type de situations pour l'avenir (par exemple, en inscrivant l'information sur le planning du service). La simple perception, par l'une des parties, d'une situation conflictuelle suffit pour parler de conflit. Le plus souvent, même si l'autre partie nie ou ignore le conflit, on pourra découvrir un conflit *inter*-individuel. Parfois, le problème est cependant individuel (le conflit est alors révélateur d'un trouble individuel ou d'un conflit *intra*-individuel[1]).

De nombreux facteurs peuvent influencer l'évolution d'un conflit : le type de personnalité (et notamment le rapport au conflit), le contexte, la nature du conflit, les croyances de chacun sur la bonne manière de traiter ces situations, la qualité d'écoute… Nous reviendrons sur ces différents points. Le schéma suivant permet d'illustrer quelques grands traits :

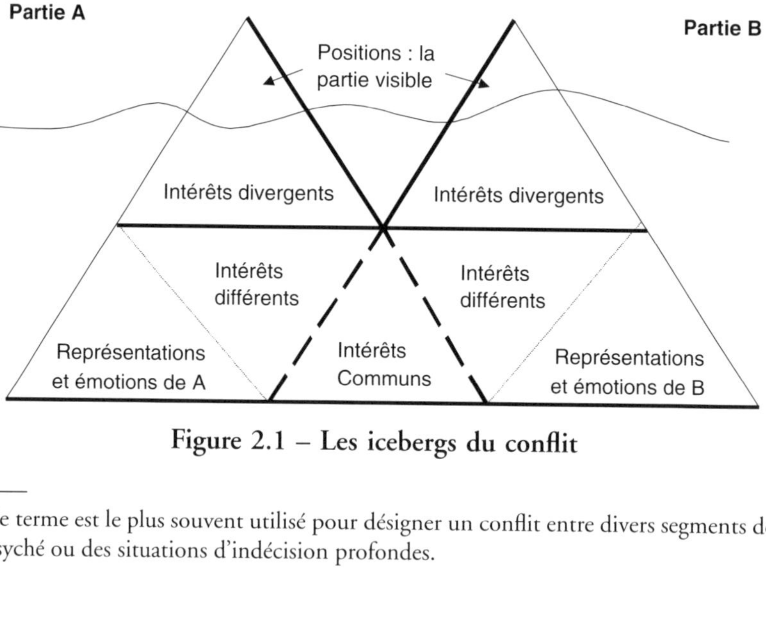

Figure 2.1 – Les icebergs du conflit

1. Ce terme est le plus souvent utilisé pour désigner un conflit entre divers segments de la psyché ou des situations d'indécision profondes.

Chacune des parties a sa position incompatible et distante de l'autre. Il s'agit de la seule partie visible et discutée. Cela conduit alors à un marchandage de positions (sur les demandes et refus) et à *l'op-position* sur des vérités apparemment incompatibles (représentations antagonistes). La richesse de la situation (les perceptions, les intérêts) est ignorée ou mal prise en compte. Les parties ont souvent l'impression que leurs intérêts sont divergents (ce qui existe mais reste rare) alors qu'ils sont en fait différents (c'est-à-dire se situant à des niveaux différents, ni convergents, ni divergents). Les positions apparaissent incompatibles et le conflit se transforme en affrontement. Nous reprenons ci-dessous ces quelques points particulièrement importants en médiation.

Identifier les (op)positions

Le conflit se cristallise souvent autour de positions (perçues comme) incompatibles. Il y a une (op)position bloquante dont on ne voit souvent pas comment sortir autrement que par la défaite de l'un aux dépens de l'autre. Ces positions se traduisent généralement par des demandes auxquelles s'opposent des refus et sont fondées sur des représentations antagonistes.

➤ Les positions : des demandes et des refus

Les positions, la partie visible de l'iceberg, prennent principalement la forme de demandes et de refus qui s'opposent :

« Nous voulons 10 % de prime »/« Vous n'aurez que 0,5 % »

« Je prendrai mes congés en juillet »/« Non, c'est moi en juillet »

Cette position en haut de la pyramide est, comme nous le voyons le plus souvent, incompatible avec celle de l'autre partie, ce qui crée une tension conflictuelle et alimente l'idée d'une incompatibilité. Pourtant, ces positions sont réductrices de la situation, et il s'agit de l'une des principales raisons du blocage. L'identification des intérêts[1] (nous les appellerons aussi préoccupations ou besoins) permet d'ouvrir la situation bloquée et de réaliser que s'ils peuvent être divergents, ils sont le

1. Il s'agit d'un des points clefs de la négociation raisonnée (abordée en amont) et qui a été initialement formalisé par Mary Parker Follet dans les années 1940.

plus souvent différents (à propos des vacances : pour l'un des collègues, pouvoir partir avec son conjoint et pour l'autre, éviter le stress du mois d'août) et même parfois communs (par exemple : préserver de bonnes relations de travail).

Réaliser que le problème de l'autre n'est pas frontalement ou uniquement opposé au sien, permet d'apaiser la tension. Peut-être y a-t-il de la place pour deux et les stratégies guerrières ne sont alors pas nécessaires. Cette démarche est très efficace pour des situations courantes mais sera souvent freinée par l'accumulation de conflits passés prenant la forme de représentations antagonistes (croyances et certitudes bloquantes ou contradictoires).

➤ Les positions : des représentations antagonistes de la réalité

Les positions sont non seulement constituées de demandes et de refus, mais aussi de manières de voir (l'autre, le problème, les conflits...), dont certaines sont bloquantes ou contradictoires. Il est possible de distinguer les croyances sur le conflit en général et les certitudes sur la vérité et la mauvaise foi de l'autre dans la situation conflictuelle.

Les croyances sur le conflit

Chacun a un vécu et des expériences propres de situations conflictuelles qui conduisent à un certain nombre de croyances (issues de l'expérience). Certaines vont favoriser une meilleure gestion des situations futures. D'autres présentent un caractère bloquant. L'une d'entre elles correspond à un point déjà vu dans la partie introductive sur le conflit : l'idée que le conflit est mauvais et qu'il faut l'éviter.

APPLICATION

Prenons une situation homme/femme au sein du service comptable d'une entreprise :

Pierre est un tempérament extraverti et le métier de comptable est pour lui parfois difficile. Il profite donc de toutes les occasions de pause pour se rattraper en plaisantant avec les collègues et c'est ce qui le détend.

Annie, de son côté, après quelques heures devant son ordinateur aspire à pouvoir fumer tranquillement sa cigarette en buvant un café. À chaque fois qu'Annie prend sa pause, Pierre décide de la prendre en même temps (« Attends, ce sera plus sympa à deux »). Il profite alors de l'occasion pour lui raconter toutes sortes de blagues. Elles ne sont pas vraiment du goût d'Annie, qui de toute façon préférerait être au calme. Mais pour préserver une bonne relation de travail, elle a longtemps fait l'effort de sourire. Pierre était à chaque fois content de « dérider » un peu Annie, et cela l'incitait à rechercher d'autres moyens de la faire rire. Plus le temps a passé et plus Annie a trouvé ces moments pénibles, au point de ne pas prendre de pause certains jours (Pierre lui disant « Allez, viens, tu as besoin d'une pause ! »). Annie n'osait pas en parler de peur de froisser Pierre. Un jour, Pierre a abordé un sujet sensible pour Annie à un moment où elle était un peu tendue. Elle a réagi vivement en lui disant « Tu es vraiment nul, tes blagues sont nulles, ça fait des mois que tu m'ennuies avec tes réflexions lourdaudes… ». Pierre l'a très mal pris, depuis les relations de travail sont devenues délicates et beaucoup d'échanges se font par collègue interposé. Annie en a conclu plus que jamais qu'il faut éviter les sujets qui fâchent. Pierre s'est dit que les femmes sont imprévisibles et irrationnelles…

Éviter le conflit, c'est-à-dire l'explication, conduit souvent à des manifestations négatives (agressivité) liées à un sentiment de trop-plein. Renoncer à ses préoccupations reporte souvent le problème à plus tard avec un effet d'amplification. En revanche, traiter le différend à la source est souvent plus sain et contribue à construire une relation équilibrée. Les secrets de familles procèdent d'une intention similaire (éviter de faire de la peine ou de choquer) et provoquent souvent des souffrances des années plus tard.

Vérité et mauvaise foi

En dehors des croyances sur le conflit (comme phénomène général), il y a des certitudes sur un ensemble de points participant au conflit : « il me veut du mal », « elle ment », « ça s'est passé comme cela et pas comme ci »… Ces certitudes sont rarement questionnées mais sont pourtant bloquantes lorsqu'elles sont contradictoires. Le médiateur doit savoir que deux individus peuvent avoir vécu un même événement de manière totalement différente, même de bonne foi.

On peut schématiser le processus de cette manière :

Perception partielle de la réalité → Interprétation → Certitude (« la vérité »)

Il peut aussi s'agir de mauvaise foi, mais elle est plus rare qu'on ne le pense. En effet, pour croire l'autre de mauvaise foi, il suffit qu'il affirme quelque chose de contradictoire ou simplement différent. L'expérience montre que ces certitudes sont fondées sur une vision partielle et partiale de la réalité et que l'on peut souvent reconstruire une réalité commune et globale. De plus, la vraie mauvaise foi se réduit rarement à un plaisir pour celui qui en est l'auteur. Il s'agit plutôt d'une tactique de défense cachant une préoccupation. Travailler cette préoccupation peut donc conduire à sortir de la tactique bloquante.

Comprendre l'escalade conflictuelle et en sortir

Les différents mécanismes que nous avons décrits (impasses du dialogue, op-positions…) peuvent conduire à une impasse persistante et à un durcissement. Cette impasse devient progressivement insupportable et conduit à une augmentation de la pression de part et d'autre… c'est l'escalade.

Dialogue entre un responsable de la production et un responsable du marketing

Le responsable du marketing (RM) : « *Écoute, il y a un revirement sur les marchés, il faut revoir tout le packaging !* [il est très inquiet par ce revirement qui concerne l'ensemble de sa gamme de produit].

Le responsable de la production (RP) : *Bon-jour !* [agacé par le ton direct et l'absence de formules de politesse].

(RM) : *Oui, oui, bonjour. Il faut tout revoir* [position].

(RP) : *Ce n'est pas possible, c'est lancé* [position contraire].

(RM) : *Ah non, pour une fois je voudrais vraiment me passer des rigidités de la prod. !* [cette phrase contient deux messages, mais c'est évidemment l'attaque personnelle qui sera entendue et débattue].

(RP) : *Et moi, des fantaisies du marketing…* [il vient de passer trois soirées jusqu'à 21h pour terminer dans les délais].

(RM) : *C'est ce genre de fantaisies qui font vivre l'entreprise, on n'a pas le choix, ce sont les marchés.*

(RP) : *Ce qui fait vivre l'entreprise, c'est la qualité des produits et notre capacité à donner des repères stables aux clients.*

(RM) : *Attends, on n'a pas le temps de discutailler, il faut tout revoir.*

(RP) : *Non, il y en a marre !*

(RM) : *Si c'est comme ça, je vais devoir en référer au DG !*

(RP) : *Eh bien, fais-le... J'ai eu un soutien explicite du directeur de pôle. On en a marre d'être les otages des bureaucrates du marketing.* »

...

L'escalade peut prendre des formes plus progressives et moins directes que dans le dialogue ci-dessus. Les grandes étapes seront souvent assez similaires.

Le mécanisme de l'escalade

Le conflit n'a rien d'anormal. Pourtant, la manière dont il est traité peut avoir, comme nous l'avons indiqué plus haut, des conséquences extrêmement nuisibles et désagréables. Il y a un processus d'escalade qui peut prendre aussi bien quelques secondes que des années et qui semble commun à la plupart des situations conflictuelles qui dégénèrent. L'escalade conflictuelle peut être analysée à un double niveau : les épisodes de crise et la tendance générale.

Un conflit peut souvent être rapporté à un problème immédiat (une adaptation des produits à la conjoncture) mais aussi à un contexte global (l'accumulation des autres relations de travail passées et présentes, bonnes ou mauvaises), où il est parfois possible de repérer une lente dégradation suite à de nombreux conflits (latents ou manifestes et non gérés). Un épisode donné sera à interpréter différemment selon qu'il s'inscrit dans une escalade de fond (augmentation et intensification des relations conflictuelles) ou qu'il est isolé. Une synthèse des recherches[1] et de l'observation de conflits de tous types peut donner le schéma suivant.

1. En particulier Glasl F., *Konfliktmanagement*, Stuttgart, Verlag Freies Geistesleben, 5e éd., 1997, et Rubin J.Z., Pruit D.G., Kim S.H., *Social Conflict : Escalation, stalemate, and settlement*, New York, Mc Graw Hill, 2e éd., 1994.

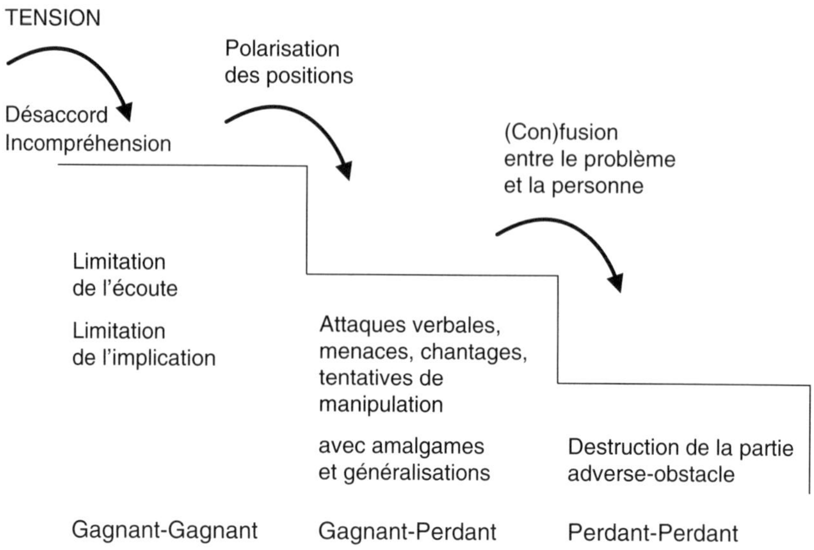

Source : d'après le modèle de Friedrich Glasl

Figure 2.2 – L'escalade conflictuelle

Alors que l'escalade prend généralement la forme d'une montée en puissance, elle est représentée dans le schéma ci-dessus comme une dégringolade, car c'est bien de cela dont il s'agit. C'est un peu comme des marches d'escalier que l'on dévale. Il est facile de se laisser descendre, puis de tomber et plus difficile de remonter. L'escalade est en effet un processus qui fausse la rationalité et la lucidité (voir p. 164). Il y a comme un appel de sirènes auquel il est difficile de résister.

Commentons maintenant le schéma. Il est possible de parler de situation de conflit dès qu'il y a la perception d'une tension particulière (voir la définition du conflit p. 55). Cette tension est souvent fondée sur la perception d'un désaccord. Parfois, il n'y a pourtant pas désaccord mais simplement incompréhension. Il est même fréquent que la perception d'un désaccord procède d'une histoire « que l'on se raconte » et qui est constituée de projections ou angoisses. L'un des effets de cette tension est souvent de limiter les capacités d'écoute (en renforçant, comme nous l'avons vu, la confusion entre comprendre et être d'accord). Il y a parfois aussi une limitation de l'implication (par peur du conflit notamment) qui conduit à des stratégies d'évitement, voire au refus de négocier. Il s'agit du stade I de l'escalade et cela est commun et presque quotidien autant dans les relations de travail que dans les relations de couple.

Les effets du premier stade seront souvent (heureusement) insuffisants face à l'envie ou la nécessité d'aboutir. Mais dans certains cas plus difficiles (qui correspondent à beaucoup des dossiers en médiation), il y a l'aboutissement à une impasse (ou la perception d'une impasse). La difficulté de la situation nécessiterait de faire appel à toutes les capacités d'écoute et de créativité en présence mais elles sont réduites par la tension conflictuelle. L'impasse produit alors une frustration (chez l'un voire chez tous les protagonistes) qui pousse à se retrancher derrière les positions. Chacun pense que pour faire face à l'échec du dialogue il convient de durcir sa position pour faire plier l'autre. Il y a polarisation des positions et passage en même temps au stade II.

La polarisation des positions conduit à une frustration supplémentaire car l'impasse se confirme. Afin d'amener l'autre à la « raison » (c'est-à-dire à abandonner sa position), chacun utilise divers procédés : chantage, bluff, menace, attaque verbale... Cela va parfois fonctionner lorsque le procédé est déterminant. Il n'en reste pas moins qu'il y aura un perdant et celui-ci aura le sentiment d'avoir été forcé... ce qui réserve des surprises pour l'avenir. Lors du stade I, bien qu'il n'y ait pas nécessairement une recherche active dans ce sens, chacun est dans l'illusion qu'un arrangement acceptable (gagnant – gagnant) pourra être trouvé. Dans le stade II, chacun est conscient que l'un devra céder (gagnant – perdant), et l'on préfère que ce soit l'autre. Si l'un doit être perdant, il est préférable que ce soit l'autre ! Tous les coups sont alors permis. Parfois, les débordements du stade II vont permettre aux parties de réaliser qu'elles sont allées trop loin et les inciter à prendre l'autre en compte. Pourtant, et en particulier lorsqu'il n'y a pas ou plus de bonne relation entre les parties, la tentation sera grande de résister (tant que l'on peut) et de continuer ensemble à dégringoler. L'un menace, l'autre aussi ! Il bluffe, je bluffe, « œil pour œil, dent pour dent » ! Malheureusement on est mal placé pour se faire justice soi-même et cela donne souvent : « deux yeux pour un œil et pour une dent, toute la mâchoire ! »

Au bout d'un certain temps, la résistance de l'autre et les agressions subies (même si on les a alimentées) conduisent à penser que le problème, c'est l'autre. On a oublié les intérêts en se focalisant sur les positions. Et au troisième stade on oublie même les positions en se focalisant sur l'ennemi dont il faut abattre la résistance (puis abattre tout court). L'adversaire perd progressivement toute face humaine à nos yeux et l'on rentre dans la destruction et la violence (modérée puis frontale). Chaque fois, il sera possible de reculer devant l'horreur de ce qui est en train de se produire. Mais ce sera difficile car il y a une véritable contagion ou aspiration de l'escalade. La relation devient une relation perdant/perdant. En effet, le critère de succès est la perte de l'autre (puisque normalement s'il perd, je gagne). Puisque les deux adoptent ce raisonnement, les deux perdent (pensez aux guerres, il n'est pas rare d'entendre les chefs de guerre vanter comme bon résultat : « Ils ont eu plus de morts que nous ! »).

➤ Les effets structurels de l'escalade

La médiation curative a souvent à faire avec des phénomènes d'escalade. Les effets structurels de l'escalade intéressent donc le médiateur car il s'agit de points auxquels il faudra souvent faire face (le médiateur intervenant après une dynamique conflictuelle). L'escalade peut conduire à quatre grands types de transformations[1] caractéristiques :

- *surenchère* : chacun va plus loin dans les démarches entreprises,
- *prolifération des objets de conflit* avec ajout des conflits passés, présents ou futurs anticipés,
- *généralisation* des griefs et projection sur le groupe d'appartenance réel ou supposé de l'autre partie (les femmes, les chefs, les ouvriers… sont TOUS…) avec renforcement de l'intolérance et des préjugés,
- *élargissement* du conflit ou constitution de *coalitions.*

Tout cela se fait avec le franchissement des étapes décrites plus haut.

Par ailleurs, on peut observer une persistance des phénomènes d'escalade après que la tension est retombée. Il s'agit en quelque sorte du passif résultant de la poursuite d'une démarche souvent opposée à celle de la négociation. Les mécanismes provoqués par cette persistance (rationalisation *a posteriori*, prophétie autocréatrice, perception sélective) rendent les relations ultérieures difficiles, même lorsque la tension est retombée. Il faut ajouter à cela des changements de nature structurelle

1. Rubin J.Z., Pruit D.G., Kim S.H., *Social Conflict : Escalation, Stalemate, and Settlement*, New York, Mc Graw Hill, 1994, 2e éd., p. 70. Les termes employés par les auteurs sont en anglais *light/heavy* (surenchère), *small/large* (prolifération des objets de conflit), *specific/general* (généralisation), *few/many* (élargissement ou coalition).

créant un surengagement et une prise au piège. Il est souvent difficile de résister à la contagion mais surtout, il est difficile de renoncer ou faire le deuil des efforts récents (un peu comme au Casino lorsque le joueur cherche à « se refaire » et s'enfonce encore plus).

Enfin, l'escalade rigidifie les attitudes en les rendant mutuellement de plus en plus exclusives. Les attentes laissent progressivement place à des résistances, sur lesquelles on s'affronte. « La résistance est [alors] ce que l'autre partie cherche à briser »[1]. L'attitude passe progressivement d'un ensemble d'attentes réciproques à un ensemble de résistances réciproques. L'attitude de résolution en commun d'un problème, du fait qu'elle implique de la confiance, sera d'autant plus difficile que l'on est monté dans l'escalade. Les phénomènes d'escalade développant les stratégies et les attitudes de résistance des parties, on ne saurait s'étonner que l'idée de l'introduction de la médiation y soit elle-même confrontée. Autrement dit, lorsque la médiation est évoquée, on a souvent à faire à des parties retranchées derrière toutes les protections qu'elles pensent avoir mises en place (et donc éventuellement hostiles à la médiation). La compréhension des phénomènes d'escalade peut donc aussi aider à comprendre les résistances à la médiation (ou toute participation ou non à un processus fondé sur le dialogue).

➤ La désescalade

La relation entre les phases d'escalade et les tentatives de résolution du différend est assez complexe. L'escalade peut être marquée par des phases de négociation qui selon leur issue vont marquer un retour à l'escalade ou un arrêt des hostilités. L'arrêt des hostilités peut lui-même être stable (le problème est réglé et/ou la relation est restaurée) ou temporaire (cessez-le-feu), c'est-à-dire préfigurant un nouvel affrontement. La spécificité de l'escalade est cependant, à partir d'un certain seuil, de rendre la négociation autonome presque impossible.

Par ailleurs, les processus de gestion des conflits sont multiples et plusieurs pourront être tentés, avant, après ou pendant des tentatives de négociation. La médiation doit donc être située comme un mode de gestion des conflits parmi d'autres, intervenant le plus souvent après des tentatives de négociations et la prise de conscience de la nécessité d'une assistance extérieure.

1. Freund J., *Sociologie du Conflit*, Paris, PUF, 1983.

Les moyens de lutte contre l'escalade

Les moyens présentés ici ont un caractère général et peuvent être appliqués par les parties elles-mêmes lorsqu'elles sont conscientes du piège dans lequel elles sont en train de s'enfermer. Le médiateur pourra jouer sur ces moyens pour préserver un cadre de médiation acceptable.

Afin de contenir l'escalade, il est possible d'agir en :

- fixant des limites (affirmées socialement ou non) : il convient de les fixer préalablement si possible et de les rendre fermes (en les affirmant publiquement, en mandatant une personne tierce garante...) ;
- faisant des pauses pour faire le point : l'appui d'une personne ressource peut être utile pour prendre pleinement ce recul ;
- mettant en évidence les coûts de l'attitude présente ;
- aidant l'autre partie à ne pas (trop) perdre la face, notamment lorsque la situation est telle que la seule perspective est celle de gagner (ou perdre moins) aux dépens de l'autre.

Le médiateur peut aussi aider les parties à prendre conscience du piège dans lequel elles sont enfermées. Son extériorité est favorable pour mieux repérer les mécanismes d'escalade et les pistes de sortie.

La sortie de crise et les conditions favorables à l'intervention d'un médiateur

Les phénomènes de persistance et d'irréversibilité des processus d'escalade, auxquels il faut ajouter le phénomène de dissolution du tiers[1], semblent exclure toute possibilité de négociation ou de médiation. Il nous faut donc comprendre ce qui peut conduire des parties en conflit à sortir du piège de l'escalade et éventuellement recourir à un médiateur.

1. Freund J., *Sociologie du Conflit*, PUF, Paris, 1983 : « Le conflit dissout le tiers », c'est-à-dire fait disparaître toute acceptation de la possibilité d'un tiers. Les propos de George Bush quant à l'impossibilité de la neutralité (suisse) en rapport avec les attentats du 11 septembre 2001 illustrent bien ce phénomène. Mais si le conflit dissout le tiers, la réciproque est parfois vraie : le tiers dissout le conflit ! L'acceptation d'un tiers (comme médiateur ou même comme existant) brise la relation binaire manichéenne.

La fin de l'escalade peut reposer sur cinq grandes causes :

- la victoire écrasante de l'une des parties (qui peut provenir d'une régulation extérieure)
- l'acceptation des demandes par l'une et/ou l'autre des parties (soumission)
- l'évitement du conflit (ou la relativisation)
- l'émergence d'objectifs supérieurs[1] (ennemi commun, incitation à la coopération)
- l'impasse de l'escalade, c'est-à-dire la perception du conflit comme une situation intolérable sans vouloir ou pouvoir continuer les manœuvres d'escalade

Deux de ces cinq facteurs peuvent plus particulièrement conduire à une médiation : l'impasse et l'émergence d'objectifs supérieurs.

L'impasse peut avoir différentes causes : échec des tactiques agressives, épuisement des ressources nécessaires au conflit, perte du soutien social et perception des coûts induits comme inacceptables. Il importe de déterminer si l'impasse correspond à un mûrissement de la situation pour la négociation. Les conditions exactes du mûrissement interne, c'est-à-dire le changement d'attitude, les causes et les signes avant coureurs restent mal connus. Il est cependant possible de caractériser différentes formes[2] : l'impasse inconfortable, la catastrophe mutuelle imminente ou la voie sans issue (chacun réalise que l'on avance dans une voie sans issue).

L'émergence d'objectifs supérieurs ou d'opportunités attrayantes offre à l'un et/ou l'autre des protagonistes une porte de sortie. L'enjeu présent devient moins important et un accord est possible (au moins pour en finir et libérer son temps sur les nouveaux enjeux). Il peut aussi s'agir d'un intérêt commun : un hiérarchique annonce l'obtention d'une rallonge budgétaire en cas d'aboutissement du projet dans les deux mois. Il pourrait aussi s'agir du choc provoqué par l'arrivée d'un concurrent obligeant à resserrer les liens, la découverte de synergies…

1. « *Superordinate goals* », voir notamment les expériences classiques en psychologie sociale de Muzafer Sherif.
2. Mitchell C., « The right moment : notes on four models of *ripeness* » , *The Kent Journal of International Relations*, vol. 9, n°2, Winter 1995.

Pourquoi le médiateur doit-il connaître les mécanismes de l'escalade ?

Nous avons vu que la théorie de l'escalade aidait à comprendre les résistances à la médiation et le moment adéquat pour une médiation.

La compréhension des mécanismes de la dynamique conflictuelle est en outre doublement utile : afin de décrypter ce qui a pu se passer avant la médiation et pour éviter que la médiation soit l'occasion d'une telle escalade. Le premier point est un enjeu de fond, c'est-à-dire concernant la dynamique du conflit qui occupe les parties. L'expérience montre qu'il est souvent utile de revenir sur certains éléments passés pour comprendre « comment on en est arrivé là ». Dans le cadre du travail de recadrage des représentations, il est fréquent que l'on rencontre un épisode d'escalade conflictuelle. Sans prétendre faire de la médiation un espace principalement pédagogique (mais il y a des effets pédagogiques !), la connaissance des mécanismes de l'escalade aidera le médiateur à accompagner les parties dans la relecture et la réécriture de certains épisodes de leur relation.

Le second point est un enjeu de forme, de maîtrise de la médiation. Bien que cela soit rare en pratique, il est tout à fait possible que la médiation se transforme en arène d'affrontement destructif. Le médiateur doit pouvoir identifier les signaux de la dérive vers l'escalade. Dès les premiers indices (absence d'écoute, rigidification des positions, attaques personnelles), il doit intervenir. C'est pour cela aussi qu'il essaie de manière préventive d'éviter l'absence d'écoute qui prépare à la dérive vers le stade II (d'où l'autre fameuse règle de non-interruption d'une partie par l'autre). Et puisque la rigidification des positions accompagne la montée de l'escalade, le médiateur recadre les positions plutôt que de les reformuler. Enfin, les attaques personnelles traduisant et aggravant l'escalade, il est important de faire respecter la règle : pas d'attaque personnelle ! La persistance d'indices de dérapage (impossibilité de réguler la parole, impossibilité d'empêcher les agressions verbales, répétition de positions intransigeantes…) doit conduire le médiateur à interrompre la médiation. Il s'agit de sa responsabilité (principe de responsabilité, p. 25). L'interruption peut être temporaire (entretiens séparés) ou définitive. L'affrontement destructif que l'on cherche à éviter peut n'être que verbal. Il convient de prendre en compte la situation particulière et le contexte de chaque personne. Un mot peut provoquer plus de dégâts qu'un coup-de-poing !

L'espace normal de travail en médiation est le stade I du cycle de l'escalade[1]. Cela ne signifie pas l'absence de passion, de colère ou de peine. Il convient de rappeler la distinction entre le fait de vider son sac (qui peut s'accompagner de colère, de pleurs...) et qui n'est pas en soi négatif, et ce qui est réellement toxique (voir p. 41). Ce qui est toxique alimente l'escalade et n'a pas sa place en médiation (il s'agit d'une règle générale qui souffre quelques variations ou même exceptions, notamment culturelles).

1. Il est question ici d'un microcycle de séance, et les parties peuvent être à un autre stade dans le cadre d'une relation à long terme

CHAPITRE 3

Être médiateur

ÊTRE médiateur est avant tout un état d'esprit, une attitude ou un art que l'on peut développer au cours du temps. La compréhension du processus et des techniques les plus usuelles est une étape essentielle. C'est un peu comme l'acquisition des techniques de dessin. Tout le monde n'a pas vocation à vivre de son art et à produire des œuvres intéressant un large auditoire. Chacun peut cependant se faire plaisir et développer des compétences. L'apprentissage technique et méthodologique permet de gagner du temps et d'éviter de nombreux écueils. L'artiste accompli pourra ensuite librement s'en détacher. Il s'agit donc d'accompagner le pratiquant, occasionnel ou régulier, en lui fournissant des points de repère. Chaque médiateur pourra ainsi progressivement cerner ses points forts, ses limites et apprendre aussi à savoir passer la main.

Le processus de médiation : un aperçu d'ensemble

Il est possible de représenter un travail de médiation en six grandes étapes dont quatre représentent le cœur de la médiation (identifiées comme les phases I à IV).

- La prise de contact.
- La phase I : Quoi ? [entrée en matière, mise à plat des points à traiter].

- La phase II : Pourquoi ? [recherche des préoccupations, ressentis et représentations].
- La phase III : Comment ? [recherche d'idées d'accord].
- La phase IV : Quel ? [construction de l'accord].
- Le suivi.

Avant de détailler toutes ces étapes et les points de passage correspondants, il est utile de donner un aperçu du processus d'ensemble et de sa cohérence à partir de quelques découpages schématiques.

1er découpage, le mouvement général (figure 3.1)

Ce premier schéma représente les grandes étapes et leur contenu. La première phase permet de poser le problème, la seconde de le creuser, la troisième d'imaginer des pistes de solutions ou d'explication et la dernière de résumer les avancées et de définir les engagements pris. La médiation démarre ainsi d'éléments tangibles : le problème (phase I). Elle évolue vers des éléments plus abstraits : les causes (phase II) et les pistes de sortie (phase III). Elle se termine par à nouveau des éléments tangibles en fin de processus : les engagements et les acquis du dialogue (phase IV). D'autre part, il y a un mouvement du passé (phase I et II), vers le futur (phase III et IV).

2e découpage, les deux temps principaux (figure 3.2)

Le schéma général précédent porte d'autres phases qu'il ne faut en aucun cas occulter. En regroupant les phases I et II d'une part, et III et IV d'autre part, il est possible de distinguer deux temps : mise à plat (déconstruction) et résolution (construction). Cette distinction est importante et justifie un temps de passage que l'on peut appeler *accord sur le désaccord*[1] sur lequel nous reviendrons. Le risque est de franchir trop rapidement certaines phases et de devoir faire des allers et retours coûteux en temps et souvent irritants.

1. Je dois cette expression à Jacques Salzer qui l'utilise d'une manière quelque peu différente cependant.

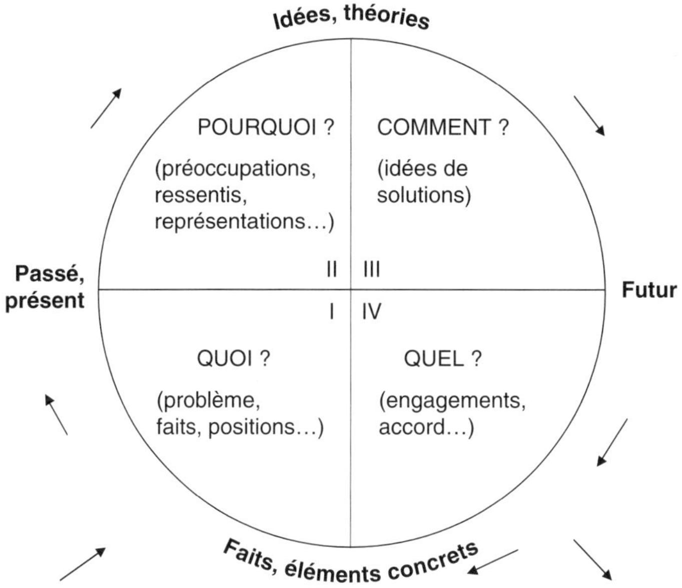

Source : d'après les modèles de Fisher et Ury et de Fiutak

Figure 3.1 – Le cercle de la médiation – 1

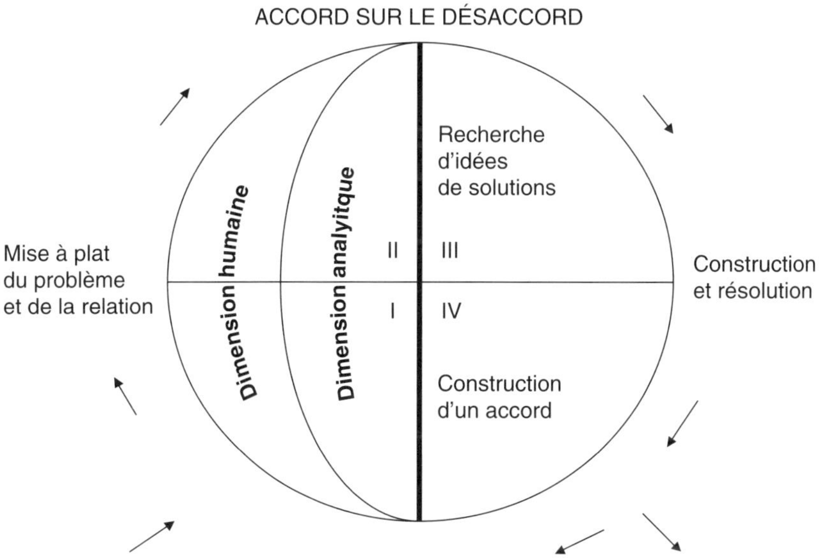

Source : d'après les modèles de Fisher et Ury et de Fiutak

Figure 3.2 – Le cercle de la médiation – 2

D'autre part, la lecture de la première présentation du schéma peut donner, à tort, l'idée d'un processus uniquement analytique et factuel. J'ai observé qu'en fonction de leur personnalité, de leur expérience, de leur formation… les médiateurs tendaient à se focaliser plutôt sur la dimension subjective ou humaine (ce qui est relatif aux sujets, aux personnes : la relation, les personnes, les ressentis, les représentations) ou plutôt sur la dimension objective ou analytique (ce qui est relatif aux objets : les choses, les faits, les intérêts). Il me semble pourtant fondamental de traiter les deux dimensions (parfois dans des proportions différentes, en fonction de la situation). Cela suppose pour le médiateur de s'aventurer sur un terrain où il n'est pas naturellement à l'aise (les émotions pour les uns ou les chiffres et les faits pour les autres, par exemple).

3e découpage, outils et méthodes (figure 3.3)

Chaque phase requiert l'utilisation d'un certain nombre d'outils ou de méthodes d'intervention. En prenant le risque de simplifier abusivement, il est possible de présenter ce troisième schéma. Une attitude empathique (p. 27, p. 41) est requise tout au long de la médiation et particulièrement au cours des phases I et II. Ce besoin correspond à l'importance de la dimension relationnelle mentionnée dans le schéma précédent. La première phase implique une bonne maîtrise de l'écoute et de la reformulation[1]. La deuxième phase impliquera le plus souvent d'aller plus loin par le recadrage, tant au niveau relationnel, qu'au niveau des intérêts à satisfaire que des représentations. Il s'agira de dépasser le niveau simplement apparent et visible de la situation pour atteindre le nœud à travailler. La maîtrise des techniques d'entretien et de questionnement apparaît ici comme un élément majeur. Il faudra aussi parfois combler un besoin d'explication, s'il le faut à l'aide de critères objectifs (références). Une fois l'accord sur le désaccord établi, notamment avec l'aide du tableau de bord du médiateur, il est important de ne pas s'arrêter à la première idée venue (rarement la meilleure) et de donner le temps et les moyens à la créativité de s'exprimer ce qui permettra, éventuellement à l'aide de critères objectifs, de faire le choix des meilleurs engagements à prendre et de les clarifier.

1. La plupart des techniques mentionnées dans ce paragraphe sont détaillées à partir de la page 93.

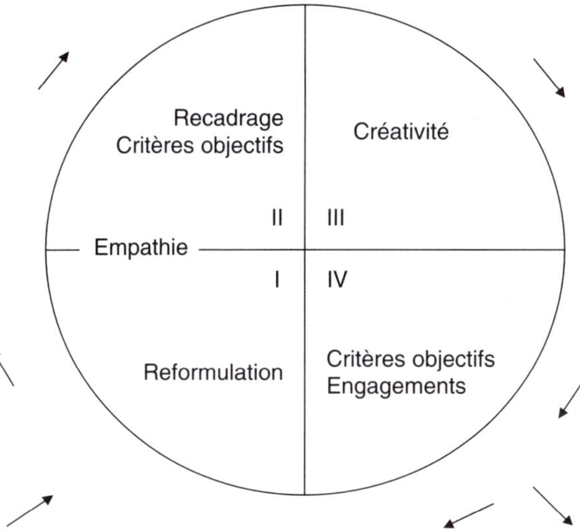

Source : d'après les modèles de Fisher et Ury et de Fiutak

Figure 3.3 – Le cercle de la médiation – 3

Les grandes étapes d'une médiation

Le découpage de la médiation en phases présenté ci-dessus peut paraître réducteur et arbitraire et d'une certaine manière il l'est. La séquence de phases présentée ici est cependant le fruit de réflexions et d'expériences multiples. Basé sur un schéma de résolution de problème (Fischer et Ury, 1982), il a été adapté pour la médiation par Thomas Fiutak[1] puis revu par différents praticiens. Cette présentation est aussi le fruit de mon propre cheminement et varie sensiblement de celles qui sont faites par ailleurs. Ce type de découpage ne doit pas être vécu comme une norme à suivre absolument (la réalité ne se laisse pas enfermer aussi simplement dans des boîtes) mais plutôt comme un point de repère et des points de passage ou bien encore comme une manière commode de transmettre une pratique. De plus, il permet d'ancrer la médiation à l'intérieur d'une méthodologie (orchestrant des outils et des méthodes

1. Professeur de l'Université du Minnesota, il est venu régulièrement en France pour des séminaires consacrés à la médiation.

d'approches) et non pas comme un ensemble de trucs et astuces désordonnés.

Poser le cadre et le problème (phase I)

➤ De la prise en charge du dossier à l'entretien préalable[1]

La phase préalable permet de constituer une relation et de définir les modalités de fonctionnement (a) avant de rencontrer les parties (b). Il est important, même partiellement, d'avoir dès le départ un cadre à offrir et se présenter ainsi comme professionnel.

• *La prise en charge du dossier et la définition du cadre*

Pour les médiateurs externes ou professionnels, recevoir des demandes de médiation n'est pas en soi une chose toujours évidente, même si le besoin est grand. Il n'est souvent pas raisonnable de faire de la publicité de masse (cela s'est révélé jusqu'à ce jour ni viable ni très valorisant) et il faut pourtant bien accéder au public confronté à un besoin. Aussi il est important d'être en lien avec des récepteurs naturels du conflit (la justice, les RH, les élus syndicaux, les cabinets spécialisés...) qui pourront avoir à réorienter vers une structure de médiation. Les médiateurs internes sont plus naturellement dans cette position d'interface.

Beaucoup de demandes seront en fait formellement des demandes d'autre chose (soutien voire lobbying, expertise, conseil, aide sociale...). Quand quelqu'un dit : « Je ne veux plus à avoir à penser à eux, ils me posent trop de problème », la demande sous-jacente peut être : trouver une solution technique pour se passer d'eux, restaurer un meilleur dialogue (médiation), me permettre de vider mon sac et apprendre à gérer cette relation (coaching), les faire évoluer sous la menace d'une procédure judiciaire... Il sera parfois possible de les recadrer et d'autres fois il faudra orienter et avoir le courage de refuser certaines demandes qui ne se traitent par en médiation. Pour les professionnels, la charte (p. 138) et l'éventuel contrat de médiation sont des protections tant pour le médiateur que pour les parties. Il faut ajouter que la possibilité de simplement rencontrer les parties (et notamment celle qui n'a rien demandé au médiateur) n'est pas assurée (voir p. 139).

1. On préférera le terme d'entretien préliminaire dans tous les cas en rapport avec la rupture d'un contrat de travail !

- *L'entretien préalable*

L'entretien préalable avec les parties (et en général la partie demanderesse en premier lieu) peut utilement suivre un certain nombre de conditions de forme, en assurant des objectifs et un contenu spécifique.

La forme de l'entretien

L'entretien s'effectue en général en face à face (le médiateur reçoit chaque partie, souvent séparément) ou parfois à distance (par courrier, par téléphone…). Chaque méthode présente des avantages et des inconvénients à situer dans leur contexte propre et il n'est pas question de plaider pour telle ou telle approche. Je suis en revanche réservé en ce qui concerne le démarrage d'un travail sans prendre ce temps d'information et d'échange, même si la médiation débute dans la foulée. Certains services font l'entretien préalable en présence des deux parties. Cette pratique est discutable. D'une part, il y a un nombre important de cas et de demandes qui ne se prêtent pas à médiation et il serait regrettable d'attendre la présence des autres parties pour offrir une information. D'autre part, une rencontre sans préparation peut être d'une violence psychologique importante (créant alors une fermeture à la médiation) surtout s'il n'y a pas information préalable (les parties craignent souvent une confrontation « sauvage »). Tout cela doit bien sûr être replacé et nuancé selon le cadre d'intervention.

Les objectifs de l'entretien

L'entretien préalable permet de remplir trois grands objectifs : information concernant la médiation à venir de la part du médiateur, expression de la part des parties d'un ensemble de préoccupations (concernant la médiation ou la situation à traiter), adaptation (si nécessaire) puis acceptation de l'intervention. Cet ordre n'est pas immuable. Une erreur fréquente est de vouloir à tout prix informer une partie qui se sent noyée dans ses problèmes. Le résultat est généralement frustrant pour le médiateur (le message ne passe pas) et pour la personne concernée (qui ne se sent pas comprise). On observe aussi des scènes de ce type :

> M : *Je vais vous parler de la médiation. Il s'agit d'un processus par lequel un tiers neutre et impartial…* [Le visage de la personne est tendu et absent. À la première pause du médiateur, elle tente de le ramener sur son problème.]
>
> P : *Mais vous comprenez, ça fait déjà deux ans, ça ne peut plus durer* [beaucoup d'émotion].

M : *Oui, oui, nous y reviendrons plus tard. Restez calme ! Je dois d'abord vous expliquer…*

P : *Mais comment voulez-vous que je reste calme alors que je dois subir de la part de mon contremaître ce comportement de chefaillon…*

M : *Attendez, on ne pourra pas continuer comme cela, il va falloir m'écouter…*

Cela peut durer assez longtemps. Il y a lutte entre le médiateur et la partie, et la crédibilité du médiateur s'use parallèlement à sa patience[1]. Chacun est centré sur son propos et il n'y a qu'apparence de dialogue. C'est très gênant de la part du médiateur qui veut justement prôner le dialogue. Il est cependant dangereux d'être excessivement non directif et de laisser l'interlocuteur prendre le contrôle de l'entretien. Une personne en conflit peut parfois se sentir à l'aise de vous parler des heures de son cas ou simplement de consommer tout le temps que vous avez à consacrer sans que rien n'ait été posé ou construit.

Pour sortir de ce dilemme, on peut appliquer deux principes (à conserver tout au long de la médiation) :

- être directif sur la forme et non directif sur le fond : le médiateur est responsable du processus mais pas du contenu, il doit maîtriser le processus ;
- être modèle de ce que l'on veut obtenir des parties : être un négociateur ouvert à l'autre (ce qui n'implique aucunement de brader les principes ou intérêts en jeu).

L'application du premier principe conduira à laisser les parties « vider leur sac » et même à saisir ce moment pour construire sa crédibilité. Cela ne peut pas se faire n'importe comment. Le médiateur doit être posé en tant que tel. C'est un peu comme un cavalier face à un cheval…

En agissant ainsi le médiateur non seulement reste maître de la situation mais il prend en compte le besoin de l'interlocuteur sans oublier le sien. Il est un **négociateur** ferme et ouvert agissant dans l'esprit de ce qu'il attend des parties.

1. Cela peut être d'autant plus dommageable si l'autorité du tiers conduit à maintenir cette frustration à un niveau latent. Elle restera alors un obstacle caché.

APPLICATION

Imaginez un cheval qui en fin de journée n'est pas encore sorti et a très envie de galoper. Le cavalier peu expérimenté aura probablement bien du mal à le retenir. Il risque de finir par laisser faire et perdre toute autorité. Le cavalier expérimenté y parviendrait peut-être mais sait qu'il use ainsi son autorité car il maintiendrait une situation de frustration importante. Il pourra donc décider de maintenir le cheval au calme sur quelques pas puis lui donner le signal du galop (ce n'est pas le cheval qui prend l'initiative). Le cavalier reste maître de la situation.

Aussi le médiateur peut commencer de la sorte :

M : *Voulez-vous que je vous explique qui je suis et ce qu'est la médiation ou bien préférez-vous commencer par me parler de votre situation ?*

La personne qui de toute façon était peu contrôlable parlera, mais cela se fait dans le cadre posé par le médiateur et sous son contrôle. Cela peut ne pas être suffisant si le besoin d'expression dépasse le temps à accorder (le risque est d'être débordé). Aussi, si la personne souhaite s'exprimer en premier, le médiateur peut ajouter :

M : *J'aurai ensuite des choses importantes à vous dire concernant l'aide que je peux vous apporter (la médiation), et il me faut vous les dire aujourd'hui pour que nous sachions si nous continuons ensemble. Je dispose de 45 minutes pour vous aujourd'hui* [par exemple], *et pour cela, si dans 30 minutes vous n'avez pas pu me dire tout ce que vous souhaitiez me dire, je devrai vous interrompre pour vous donner ces informations. Vous pourrez alors continuer lors d'une prochaine rencontre en fonction de votre décision. Est-ce que cela vous convient ?*

Le contenu de l'entretien

Le médiateur doit réussir l'exercice délicat, en fonction du contexte, de donner les informations pertinentes sans noyer l'auditeur. Il faut bien avoir à l'esprit que les parties en face du médiateur ne sont pas des théoriciens de la médiation et attendent des explications concrètes à leur portée. Voici quelques recommandations qui peuvent faciliter ces explications :

1. Éviter le vocabulaire spécialisé

L'expérience montre que beaucoup d'usagers ne le comprennent pas bien ou l'interprètent différemment. Par exemple, si vous parlez de **confidentialité**, il peut être souhaitable d'ajouter immédiatement quelque chose comme : « Ce que vous me dites ne sortira de cette pièce qu'avec votre accord ». Le vocabulaire spécialisé est aussi un piège pour les médiateurs et peut dissimuler un manque de clarté sur leur rôle. Il est utile de se référer aussi au développement concernant la neutralité et l'impartialité (voir p. 22).

2. Favoriser les phrases simples

Il est important d'avoir à l'esprit que les parties en médiation découvrent souvent la médiation (même si elles disent ou croient déjà connaître). Les différences socioculturelles et la tension liée à la situation à régler peuvent aussi rendre difficile la compréhension effective. Utiliser des phrases simples ne contenant qu'une idée ou qu'un message permet en fait de gagner du temps en évitant les répétitions ou les malentendus. L'incompréhension n'est pas toujours là où on l'attend. Les interlocuteurs bien informés (par exemple certains professionnels du droit) et persuadés de déjà connaître, risquent de vous accorder une écoute légère et pressée, puis d'assimiler la médiation à quelque chose d'autre. Aussi, il arrive encore que des avocats confondent et réduisent la médiation à la transaction[1] (voir p. 5).

3. Vérifier la compréhension et le consentement des parties

Il ne s'agit pas de le faire systématiquement mais plutôt concernant les points essentiels pour le médiateur. Je le fais toujours pour ce qui concerne les **règles du jeu**. Pour le reste il est important de veiller à ne pas infantiliser les parties (Avez-vous compris ? Qu'avez-vous compris ?). Une question indirecte (Qu'attendez-vous de la médiation ? Comment voyez-vous la médiation ?) permettra le plus souvent de déceler les malentendus. Si la réponse est du type *« Que vous fassiez entendre raison à l'autre partie »* ou *« Que vous fassiez cesser les troubles »*..., un recadrage s'impose. Il est préférable d'éviter les réponses uniquement négatives (*« Ce n'est pas mon rôle »*) et de privilégier l'indication de ce que vous pouvez faire : « Pour traiter les difficultés dont vous parlez, la médiation permet d'organiser une rencontre au cours de laquelle je vous aiderai à en parler et à décider entre vous de la manière

1. Sur la question de la relation entre médiateurs et avocats, voir mon article, « Les avocats et la médiation », disponible sur *www.re-for-me.org*

d'y remédier. Mon métier est de faciliter cette explication qui, d'après ce que vous me décrivez, a pour le moment été difficile ».

Et pour le manager médiateur…

Même si la médiation est informelle et qu'elle s'appelle « réunion de travail », il est souhaitable de lui donner un cadre lorsqu'on souhaite agir principalement comme médiateur. En particulier pour permettre aux participants de faire la différence avec une réunion classique. Les conseils ci-dessus sont pleinement applicables. Il faudra certainement insister sur les spécificités de cette réunion (et notamment la mise entre parenthèses éventuelle du pouvoir de décision du manager) et ne pas faire l'économie des règles du jeu qui permettront d'en faire un moment différent. Le caractère préalable et individuel de l'entretien peut aussi être un atout pour s'assurer que les collaborateurs vont bien adhérer et s'inscrire dans la dynamique voulue (il reste possible d'envisager d'autres voies dans le cas contraire).

La check-list présentée ci-après donne les principaux contenus de l'entretien d'information. Elle permet de faciliter la préparation de ce moment clef. Il convient au cas par cas de choisir les points à aborder (ou non) et leur ordre.

Quelques passages clefs pour l'entrée en médiation

[l'ordre de ces points peut être variable]

- Présentation du médiateur (nom, expérience, statut…)
- Explication de la médiation (rôle du médiateur, impartialité, confidentialité, déroulement, interruptions de séances, coût, esprit – sens…)
- Règles de base (non-interruption, pas d'injures…)
- Vérification de la volonté réelle des parties de négocier et de l'acceptation des règles du jeu
- Discussion autour des faits et du problème [si nécessaire, il ne s'agit pas ici de le provoquer]
- Écoute active [si besoin]

➤ Avant l'entrée en médiation

L'entrée en médiation se situe en général lors d'une séance plénière (toutes les parties concernées sont présentes) mais peut parfois être dans le prolongement de l'entretien préalable. Ce qui est à retenir ici est l'utilité d'un consentement expresse et éclairé sur le travail à venir. Le chef des ventes qui se plaint d'un impayé peut être dans une attitude d'exigence de son dû (le paiement) sans vouloir – initialement – chercher à comprendre les raisons de l'impayé…

La médiation ne peut pas être simplement une tentative de plus. Il s'agit d'une démarche qui doit s'inscrire en coexistence avec d'autres, en veillant à ce qu'il y ait le moins d'incompatibilités possibles. Il peut être utile de marquer le temps d'entrée de manière formelle. D'une part cela peut éviter d'être durablement sur un malentendu, et d'autre part, l'engagement de votre interlocuteur sera votre principale légitimité d'action (sinon, de quel droit se mêler de la vie des autres ?). Cet engagement fait même parfois l'objet d'un document écrit.

- *Vérifier l'engagement*

Par exemple : Maintenant que vous êtes informé(e) de ce que je peux vous proposer, souhaitez-vous tenter cette démarche ? (Oui/Non)

- *Sécuriser l'espace de médiation*

Êtes-vous prêt(e) à mettre temporairement de côté tout ce qui peut nuire au travail de médiation ? [ces points sont à identifier, et s'il le faut, à examiner avec un juriste pour éviter les risques de prescription ou d'utilisation de la médiation à des fins stratégiques détournées. La médiation ne devrait pas aboutir, en cas d'échec, à un affaiblissement de la partie qui s'y engage sincèrement.]

Après le rite de l'entrée, l'entretien sur le fond va pouvoir commencer. Il peut suivre au cours d'une même séance, le travail préalable et l'entrée (pour des raisons pratiques). Il convient cependant d'avoir averti l'interlocuteur que la médiation débutera réellement avec l'accord des deux parties (idéalement, il serait à mon sens préférable d'obtenir le consentement des deux parties avant de commencer).

- *Rappeler le cadre, les objectifs et les règles*

(en principe déjà acceptés en entretien préalable).

Et pour le manager médiateur…

L'autorité du manager, ou bien sa familiarité avec les acteurs concernés, pourrait le conduire à faire l'économie de ces préalables d'entrée. Ce peut être dommageable pour les situations les plus délicates où il est important d'avoir une participation consciente de chacun et de protéger la démarche contre les procédures parallèles pouvant parasiter l'efficacité du processus.

Par exemple, une médiation concernant un différend dans les relations du travail entre collègues ne sera pas sereine si chacun tente parallèlement d'en appeler à d'autres acteurs ressources (hiérarchie, syndicats…). Il y a donc à négocier une véritable parenthèse pour tenter un arrangement amiable ou négocié.

Phase I. – « Quoi ? »

Ce travail aura peut-être été déjà commencé préalablement si les personnes avaient un besoin de dire des choses avant de pouvoir entendre parler de médiation (voir la partie consacrée à l'entretien préalable). La phase I est ici un temps d'écoute libre où le médiateur doit surtout être empathique et éviter de trop nombreuses interruptions avec SES questions qui correspondent à SES préoccupations. Il peut noter les quelques mots clefs prononcés par la personne et qui feront l'objet d'une relance ou de questions (technique de l'entretien non directif, voir p. 97). Il est souhaitable de lancer la discussion par une question simple et ouverte comme : *pourriez-vous me parler de la situation qui vous amène ici ?*[1] La personne en entretien ne manquera pas d'aborder ou de faire allusion aux principaux points. Des relances sur des points simplement effleurés permettront parfois de boucler la question (tout du moins un premier tour). Attention cependant à ne pas épuiser la patience des parties : distribuer les relances et garder à l'esprit que l'approfondissement a lieu en phase II. Aussi, il est souvent préférable de n'effectuer des relances qu'après avoir écouté chacun (sur son premier jet) et offert

1. Le lecteur pourrait argumenter que ma question est fermée puisqu'on peut y répondre par oui ou par non. Elle est pourtant doublement ouverte, non seulement en ne forçant pas à aborder un sujet mais aussi en étant très large. Elle revient à dire : « si vous le voulez bien, j'aimerais que vous me parliez de la situation qui vous amène ici aujourd'hui ».

une reformulation de l'ensemble. Le climat est alors en général un peu plus serein puisque chacun a pu un peu vider son sac et s'assurer que le médiateur était bien à l'écoute. Il vaut souvent mieux à ce stade bannir à ce stade les questions fermées (*et à quelle heure c'était ?*), inductives (*n'auriez-vous pas pu ?*) ou les jugements (*mais là vous auriez dû*). Il est en général inutile et gênant d'avoir un questionnaire type à appliquer. Vous pourrez cependant avoir à l'esprit les points généralement abordés et souligner ultérieurement un point manquant.

Dans le cas habituel d'un face-à-face en présence d'un médiateur, il se pose parfois la question de savoir qui commence. Le risque est de voir l'une des parties prendre tout le monde de court et prendre ainsi du pouvoir ou générer des frustrations. Il est important pour moi, encore une fois, que le médiateur reste en contrôle de ce qui se passe. Il est possible de démarrer simplement : « L'un d'entre vous souhaite-il commencer ? ». Le plus souvent l'un se signalera. Il peut être utile d'obtenir alors le consentement de l'autre partie : « Êtes-vous d'accord pour parler dans un deuxième temps ? ». Dans le cas, rare en pratique, où les deux souhaitent commencer (ou ne pas commencer), ayez à votre disposition une règle objective simple que vous présenterez comme celle qui est habituelle dans vos médiations (faire d'abord parler le premier qui vous a contacté ou le plaignant, tirer au sort, choisir celui qui est à votre droite – si vous ne les avez pas placés vous-même...).

➤ Passage vers la Phase II

La phase II est à mon sens un moment fondamental qui est le plus difficile à maîtriser. La phase I permet à chacun de raconter son histoire. Le passage de la phase I à la phase II est un temps d'ouverture où il s'agit de commencer à remonter dans l'arbre des causes et des préoccupations sous-jacentes. Derrières les positions (demandes/refus ; représentations) le médiateur recherche les préoccupations (intérêts, besoins...) et la logique des manières de voir de chacun. Le tableau de bord du médiateur (p.100) est un outil facilitant ce travail.

Exemples de questions permettant de faire émerger les intérêts

Pourquoi demandez-vous... ?

Pourquoi refusez-vous... ?

Qu'est-ce qui vous rend insatisfait dans la situation actuelle ?

Qu'est-ce que vous aimeriez que je comprenne (ou mieux : que X comprenne) ?

Que signifie pour vous obtenir ceci… ?

Quels problèmes cela va résoudre pour vous si vous obtenez ce que vous demandez ?

Qu'est-ce qui va se passer si… ?

Exemples de questions pour comprendre ce qu'il y a derrière les représentations (ou manières de voir)

Les questions doivent permettre de comprendre ce qui a amené à telle ou telle représentation. Le médiateur formule de préférence des questions générales :

Qu'est-ce qui vous amène à dire que… ?

Qu'est-ce qui vous fait penser que… ?

Parfois, il apparaît utile de rechercher plus précisément la dynamique d'un processus ayant conduit à un résultat non souhaité :

À partir de quand la situation est devenue comme cela ?

Comment était-ce avant que… ?

Qu'est-ce qui a conduit à… ?

ou d'un malentendu :

Qu'avez-vous compris quand X vous a dit « …. » ?

Il peut aussi être utile de dépasser un désaccord par un critère objectif commun en s'appuyant sur ce qui fonde l'appréciation :

Sur quoi fondez-vous ce point de vue ?

Comment ceci est-il pris en compte dans d'autres [services, entreprises…] ?

➤ **Aboutir à « l'accord sur le désaccord » (phase II)**

Phase II. – « Pourquoi ? »

Les médiateurs devront au cours de cette phase affiner l'inventaire des préoccupations et les faire passer et accepter. Il faudra aussi faire passer des ressentis (déception ou colère dans le cas d'une demande de licenciement, de la remise en cause d'un projet…) sous une forme non toxique mais forte (et authentique, il ne s'agit pas de minorer mais de rendre « entendable »). Il n'y a souvent aucune solution concrète à rechercher pour répondre aux ressentis. La reconnaissance (témoignée un peu par le médiateur, beaucoup par l'autre partie) et le fait de prendre le temps de l'acceptation d'une situation nouvelle sont des éléments essentiels (parfois accompagnés d'un geste symbolique – des fleurs, un soutien économique... – qui témoigne de cette reconnaissance mais n'aurait pas la même valeur hors contexte). La confrontation des affirmations bloquantes (représentations) et la recherche des perceptions et interprétations sous-jacentes permettront de faire émerger une histoire commune faite de vécus différents. Cette histoire est la conjugaison de malentendus, de valeurs différentes, de contributions réciproques et de perceptions différentes. Le médiateur pourra trouver l'art, après les avoir glanés, de les remettre en scène pour les parties. L'essentiel est que les parties comprennent pourquoi leurs représentations s'opposent. C'est ce qui fonde « l'accord sur le désaccord » à ce niveau.

Le médiateur ne peut pas prendre le risque de se perdre dans les détails et méandres de la situation. Il a au contraire besoin d'une vision synthétique et doit essayer de ne pas se focaliser sur les faits secondaires. Il doit pouvoir recoller les morceaux en listant les quelques préoccupations identifiées pour chacune des parties (à un instant T, car elles peuvent se préciser) et les représentations contradictoires à creuser. L'ensemble tient en principe sur une page (de papier ou de *paperboard*). L'objectif est d'arriver à une compréhension communément acceptée, proche d'une vision extérieure.

➤ Accord sur le désaccord et passage vers la phase III

Une série d'allers et retours permettent progressivement de se rapprocher de **l'accord sur le désaccord**. Il s'agit d'un état où les préoccupations et les sentiments sont posés et reçus et où les affirmations bloquantes ont été recadrées dans une histoire commune (c'est dire que le médiateur comme les parties aboutissent à une vision commune et globale de la situation). À ce stade, la possibilité d'une solution doit apparaître (au moins pour le médiateur). Il convient cependant de ne pas brusquer les choses au risque de reculer. Tout d'abord, il faudra vérifier qu'il ne reste pas de points essentiels non abordés (une préoccupation cachée, un ressentiment enfoui...) et qui pourraient faire échouer la suite du travail. Le médiateur pourra valider les préoccupations à satisfaire et la volonté, le cas échéant d'accéder à celles de l'autre :

Si des engagements vous permettent d'obtenir satisfactions sur... (lister les quelques points), *est-ce que ce sera acceptable pour vous ? Accepterez-vous alors d'aider...* (l'autre partie) *à répondre à ses préoccupations ?*

Il sera parfois nécessaire de s'attarder encore un peu en phase II. Il se peut que le ressentiment ou le besoin de prendre le temps d'accepter les choses soit un obstacle à la résolution du problème. La recherche de solutions (phase III) ne sera véritablement profitable et riche que si les ressentis sont suffisamment traités et que certains deuils sont effectués (de l'abandon d'un projet donné lorsque la décision est entérinée, du fait que le vase auquel on tenait est cassé...). À ce titre, la médiation est parfois un choix à opérer (au moins partiellement) face à celui de l'affrontement (sur le plan judiciaire notamment). Le choix n'est pas toujours facile : est-ce qu'il vaut mieux avoir (peut-être) raison au bout de 20 ans de combat judiciaire ou bien se contenter tout de suite d'une relation pourtant trop petite ? Il y a une dimension de rapport de force que la médiation ne peut ni ne doit renverser (aussi injuste soit-elle)[1]. La médiation n'est cependant pas un processus pour faire accepter l'inacceptable ou le trop peu. Il s'agit avant tout de rechercher le meilleur accord fondé sur les préoccupations de chacun. C'est pour cela que dans la phase III on privilégie la réponse à toutes les préoccupations en conservant la marge de compromis éventuels pour la fin.

L'accord sur le désaccord peut aussi impliquer des préoccupations irréconciliables. La négociation peut cependant conduire à limiter ou réguler cette zone d'affrontement pour un intérêt vécu comme supérieur (la survie de l'entreprise, la poursuite d'un objectif commun...).

1. De nombreuses associations représentatives de défense des consommateurs, des salariés... sont hostiles à la médiation car le mieux-être obtenu à un niveau individuel, d'une part peut apparaître inférieur à un idéal (celui de la lutte) et d'autre part limite le poids de lutte (il est plus facile d'être considéré au ministère, pour faire changer la loi, s'il y a beaucoup de problèmes que si 80 % d'entre eux se sont arrangés). L'intérêt collectif et l'intérêt individuel apparaissent parfois contradictoires. Ce problème peut se poser au sein d'une organisation (besoin de remontée de l'information). Un rapport annuel du médiateur peut permettre de concilier différentes préoccupations (régler les problèmes, permettre une remontée de l'information et des situations récurrentes impliquant l'organisation, préserver la confidentialité).

La grève peut ainsi, comme en Martinique dans le conflit de la banane, conduire chacun au bord du gouffre. À l'issue de ce long conflit, les entreprises étaient au bord de la faillite et les salariés ont accepté des rémunérations inférieures à celles d'avant la grève.

Il existe pourtant un moyen, certes utopique, de créer un espace d'affrontement sans remettre en cause l'avenir : il s'agit de la grève virtuelle. Cela consiste à simuler les effets d'une grève et bloquer les sommes correspondantes sur un compte bloqué. Chacun travaille normalement mais les salariés grévistes ne touchent plus leurs salaires et le chiffre d'affaire correspondant est bloqué. Seul un accord paritaire peut ensuite permettre d'accéder aux sommes correspondantes. Ainsi, au moment des négociations, les négociateurs disposent aussi de ce qui aurait été perdu en cas de conflit classique. De plus, les clients n'ont pas été pris en otage du conflit et la concurrence n'en bénéficie pas.

➤ **Favoriser la créativité et la recherche de solutions (phase III)**

Phase III. – « Comment ? »

Cette troisième phase peut correspondre à deux choses : une discussion sur des solutions possibles et un processus de créativité. S'il s'agit de redéfinir le profil de poste de quelqu'un car des flous étaient source de conflits, il y aura plutôt une discussion ne nécessitant pas un processus de créativité. Bien qu'exploratoire, l'approche se veut plutôt rationnelle et analytique. S'il s'agit de trouver une solution originale pour un problème complexe, la stimulation de la créativité est souhaitable. C'est ce deuxième aspect de la phase III qui sera détaillé ici. Il est à isoler comme espace protégé et distinct. Un exemple détaillé d'une médiation (p. 122) montre comment ces deux approches de la phase III peuvent s'articuler.

La phase de créativité est trop souvent escamotée. Il y a, à mon sens, plusieurs raisons à cela. Du côté des médiateurs, les efforts déjà fournis font craindre des retours en arrière et il y a une volonté de conclure. Du côté des parties, les tensions passées et résiduelles font que l'on a tendance à être prudent, ce qui est un frein manifeste à la créativité. Les médiateurs peuvent s'efforcer d'être encore un peu patients et de prendre le temps nécessaire. Ils devront aussi organiser un environnement propice à la créativité.

Deux freins d'ordre méthodologique sont encore à prendre en compte : un travail insuffisant vers l'accord sur le désaccord (qui mérite alors d'être repris) et l'inexistence d'une méthodologie de la créativité. L'exposé des techniques de créativité peut prendre l'espace d'un livre. Comprendre leur essence doit cependant suffire aux médiateurs dans la plupart des situations. Voici quelques idées directrices.

L'opposition entre création d'idée et évaluation : il semblerait que la créativité soit davantage issue d'une des parties du cerveau tandis que les mécanismes d'évaluation seraient situés dans l'autre. Il y a un risque de paralysie lorsqu'une idée émerge d'un hémisphère et qu'elle est immédiatement dévalorisée par l'autre (se traduisant par la verbalisation ou la pensée de : « Ça ne marchera jamais »). Le fonctionnement créatif est alors perturbé et peut ne pas redémarrer. Contrairement à l'analyse, dont la méthodologie vise à accroître les performances, le processus créatif a essentiellement besoin d'être libéré. Il s'agit d'un processus non rationnel et toute immixtion du rationnel peut le bloquer. Si l'autocritique est généralement bloquante, il va de soi que la critique de l'environnement (l'autre partie, le médiateur...) peut sévèrement décourager toute proposition.

La tension précédente tend à alimenter une confusion entre idée et proposition : l'un des protagonistes a une idée mais il craint qu'elle soit immédiatement saisie sans qu'il en ait cerné les contours. Il est alors tenté de garder l'idée pour lui.

Une autre limitation est la sous-estimation de nos capacités créatives. Après tout, s'il y avait une bonne solution à ce problème, d'autres l'auraient déjà trouvée, « Ça se saurait ». Il y a aussi parfois des personnes qui débutent une recherche d'idée en se disant qu'il n'y a pas de solution, qu'ils n'y arriveront pas... Sans prétendre avoir l'idée géniale que les autres n'ont pas trouvée, il peut s'agir simplement de rechercher l'idée qui est bonne pour soi (d'où l'importance de la conscientisation des préoccupations et la sortie des positions). Nos préoccupations peuvent avoir quelque chose de spécifique qui rend la sortie de crise possible de telle ou telle manière.

Enfin, il y a souvent restriction du cadre par les personnes recherchant une solution. Il est fréquent de rechercher une solution sur des bases trop étroites et fausses. Cela provient souvent d'évidences (mais qui mériteraient d'être questionnées) ou d'interprétations de la situation.

Il peut être bon de lister nos évidences pour se rendre compte qu'il peut aussi en être autrement.

En tant que responsable du processus, le médiateur doit favoriser un espace où la créativité sera le moins possible contrariée. Il pourra pour cela veiller à définir avec les parties les points à traiter (à résoudre). Chaque point doit pouvoir être identifié comme un élément spécifique. Il est important à ce niveau de poser le problème en veillant à limiter les risques de restriction du cadre. Par ailleurs, rien n'empêche qu'une idée puisse cependant répondre à plusieurs points.

Le médiateur devra aussi définir des règles du jeu. C'est particulièrement important lorsque les parties sont face à face. Cela le reste lorsqu'une seule partie est présente. La règle de base est de séparer l'expression d'idée et l'évaluation. Cette règle s'applique aussi au médiateur. Dire par exemple, « Non monsieur, ça ne marchera jamais, c'est trop compliqué » peut couper définitivement toute nouvelle proposition. Face à la peur des protagonistes de se sentir engagé par une idée, le médiateur peut favoriser la distinction entre idée et proposition. Il dira par exemple : « Ce que je souhaite maintenant, c'est que vous puissiez imaginer le maximum d'idées pour résoudre ce point. Aucune de ces idées ne vous engage. Vous avez le droit de ne pas être d'accord avec une idée. Nous les évaluerons ensuite, et vous ne retiendrez que celles qui vous plaisent ». Enfin, face au risque d'apathie créative, le médiateur peut jouer un rôle de coach (donner du rythme, encourager la fluidité des idées, suggérer des changements de perspectives – par exemple : « si vous étiez un sage africain [ou le pape ou encore le fou du roi...], que pourriez-vous proposer d'acceptable pour les deux parties ? »).

En application de ces principes, il existe de nombreuses techniques parfois utilisables par le médiateur :

- l'écriture automatique (A. Breton et les surréalistes) ;
- le brainstorming ou remue-méninges (on note tout sur un tableau de papier et il est interdit de critiquer avant la fin de la séance) ;
- le *brainwriting* (chacun note ses idées sur une feuille de papier et on fait tourner les feuilles, une idée pouvant en stimuler une autre...) ;
- le changement de perspective (on demande par exemple aux parties de se mettre dans la peau d'une personne particulière – Napoléon,

Gandhi… – ou dans un contexte donné – une île déserte, sur la lune… – et de réfléchir à nouveau au problème) ;

- le jeu des associations ;
- etc.

Enfin rappelons-nous qu'idéalement la solution vient des parties. Il ne s'agit pas d'un dogme mais d'une réalité pratique qu'il faut pouvoir parfois dépasser (voir les développements à ce sujet dans les principes de la médiation p. 19). La capacité à (faire) imaginer des solutions originales après celle d'approfondir les positions (phase II) constitue l'une des principales valeurs ajoutées de la médiation.

➤ Passage vers la phase IV

Après la (ou chaque) phase de créativité, il y a le retour à la réalité. Il est maintenant possible d'évaluer et trier les idées. Il y a plusieurs méthodes pour cela mais l'essentiel est de garder quelques principes à l'esprit : éviter de se focaliser sur une seule idée, éviter de favoriser les positions catégoriques qui seront ensuite difficiles à faire évoluer.

Le travail de tri consiste généralement à :

- poser les limites (la loi, les ressources…) ;
- vérifier la faisabilité (simuler mentalement l'idée pour voir à quoi elle mène),
- utiliser des critères d'évaluation (notamment voir dans quelle mesure l'idée répond totalement ou partiellement aux préoccupations et ce qu'elle peut soulever comme autres problèmes. Il peut aussi s'agir de se référer à un point de vue juridique, économique…),
- hiérarchiser (les meilleures options en relation avec les intérêts majeurs) :
  - une méthode consiste à attribuer des (*) à chaque idée :

    (***) très satisfaisant

    (**) acceptable

    (*) non acceptable en l'état,
  - une autre méthode est simplement de hiérarchiser les idées de la meilleure à la plus mauvaise et de repérer l'espace de rencontre entre les deux parties (il y aura même parfois consensus sur l'idée qui est la meilleure).

Il peut être intéressant, lorsqu'une idée est vécue comme inacceptable ou seulement acceptable, de noter à côté ce qu'elle a de gênant. Parfois, une idée règle des problèmes mais en soulève d'autres. Une amélioration prenant en compte les nouvelles préoccupations peut en faire la meilleure option.

➤ **Construire un accord durable (phase IV)**

Phase IV. – « Quel ? », et transition vers la fin

Après un long travail de médiation, il y a parfois la tentation pour les médiateurs d'en rester au stade de la bonne idée. Beaucoup d'incertitudes demeurent cependant, et le risque de malentendus est important. Il faut aussi reconnaître que le médiateur subit souvent des exigences institutionnelles et l'accord est l'indicateur le plus courant (même s'il n'est pas le meilleur). Il est alors tentant d'en finir, d'autant plus que le non-respect des accords (mal ficelés) est « comptabilisé » autrement. Pour un travail en profondeur et pérenne, il convient pourtant de construire et améliorer les pistes de solutions :

- définir des engagements précis (qui, quand, quoi, où...) ;
- soulever les questions de prévention (que fait-on si... ?).

Le médiateur pourra aussi aider les parties à tester l'accord dans toutes ses composantes :

- vérifier la satisfaction (c'est-à-dire la prise en compte des préoccupations, et donc la pérennité de l'accord) ;
- définir des procédures en cas de difficultés d'application (d'une manière plus générale que pour la prévention, imaginer une procédure de gestion de difficulté non prévue) ;
- offrir éventuellement un suivi sur le respect de l'accord mais veiller à restaurer l'autonomie des parties.

Suivi

Le suivi n'est pas un service obligatoire et il est même assez controversé. Le risque est, comme dans certaines formes de travail social ou psychologique, de créer une dépendance. La médiation devient dans ce cas une béquille permanente. Ce n'est évidemment pas tenable à long terme pour le médiateur (il doit pouvoir aider d'autres personnes et son temps est toujours limité) et cela ne permet pas aux personnes concernées de vivre de manière autonome (il y a bien entendu dans ce dernier point une valeur qui peut ne pas être partagée[1]).

Il est généralement souhaitable de considérer le suivi comme une période de transition. Les quelques contacts éventuels durant cette période permettront d'acter la réalisation (ou non) des engagements (c'est aussi un retour qualitatif pour le médiateur), d'effectuer quelques réajustements voire d'orienter les parties vers d'autres services. Dans un cadre formel, afin de limiter le risque de dépendance, il est possible de limiter le suivi dans le temps (3 mois, 6 mois...) et de l'annoncer clairement. Les médiateurs pourront aussi s'efforcer d'encourager les relations directes (« En avez-vous parlé à Monsieur Y ? ») avant d'entrer en scène.

Les outils et techniques du médiateur

La reformulation

La reformulation est l'outil de base qui fonctionne avec l'empathie. Il s'agit de redire, avec nos propres mots et d'une manière compréhensible pour celui qui s'est exprimé, ce que nous avons compris. Cela permet d'une part de vérifier qu'il y a une bonne compréhension et d'autre part de témoigner de la réalité de l'écoute. Le médiateur peut donc restituer :

« *Si je comprends bien, vous avez refusé d'effectuer ce travail parce que la demande s'est faite en dehors des voies habituelles...* »

« *Le colis que vous avez reçu ne correspond pas à ce que vous attendiez et c'est pour cela que vous avez refusé, jusqu'à présent, de payer la facture, est-ce bien cela ?* »

1. Certaines personnes, dont un trait culturel est l'existence de relations de type communautaire, peuvent rechercher dans le médiateur une sorte de référent de substitution.

Il y a parfois un effort de synthèse, mais en principe pas de transformation, réduction, élargissement des propos. Il est en général inutile voire dangereux de redire à l'identique l'ensemble d'un propos (cela crée un sentiment d'infantilisation). De même, reformuler une position peut contribuer à la figer. Éviter par exemple :

« *Donc, vous dites que vous ne paierez rien, quoi qu'il arrive, et vous pensez qu'il n'a qu'à aller au tribunal s'il n'est pas content...* »

Le recadrage

Le recadrage est une reformulation d'un type particulier où il y a changement de cadre. En médiation, il s'agit souvent de faire ressortir les préoccupations cachées derrière une affirmation inacceptable en tant que telle, en écartant la partie « toxique » sans en altérer le sens. Cela pourra être notamment réalisé chaque fois que les propos sont positionnels, agressifs, menaçants sur la personne, ou l'expression de généralisations et de préjugés.

➤ Comment recadrer ?

1. Écouter le propos en recherchant ce qu'il y a de sous-jacent.

2. Si nécessaire, poser une ou plusieurs questions qui vont vous permettre d'identifier le sous-jacent.

3. Réexprimer le message d'une manière aussi fidèle et neutre que possible, et sous forme d'hypothèse ? Recaractérisez si nécessaire le message en tant qu'opinion, sentiment, fait, perception ou intérêt.

Il est possible d'effectuer diverses formes de recadrage en médiation :

***D'une position vers des intérêts ou préoccupations*[1]**

Je veux 500 € d'augmentation.

M. — Que changeraient ces 500 € pour vous ?

Avec ça, je pourrais enfin me présenter à la banque pour emprunter suffisamment pour acheter un pavillon.

M. — Ah oui, vous voudriez pouvoir assurer le financement de votre projet immobilier.

1. Les notions d'intérêts, préoccupations, besoins, motivations... mériteraient d'être distinguées mais cela dépasse notre cadre. Je les considérerai ici comme un tout.

D'attaques personnelles ou menaces vers une inquiétude ou une autre émotion

Il est borné, je ne veux plus avoir à traiter avec lui !

M. — Comment ça se passe quand vous traitez avec lui ?

Chaque fois que je lui fais une demande, il rechigne et mes affaires n'avancent pas. Il m'agace terriblement.

M. — Aujourd'hui vous êtes très agacé car vous aimeriez qu'il entende vos besoins… et que la relation soit plus facile… est-ce bien cela ?

Oui…

M. — Au fond, il me semble que vous aimeriez pouvoir coopérer pleinement. Comment cela pourrait-il se traduire ?

De l'affirmation de droits (objectifs ou subjectifs) vers ce qu'apporterait le respect de ces droits

En tant qu'employeur, j'ai quand même le droit de choisir les dates de congés de mes salariés !

M. — En quoi ce « droit » est-il important pour vous ?

Si je les laisse faire, je risque de ne plus pouvoir produire à certains moments, que dire au client alors ?

M. — Donc, ce qui compte pour vous c'est de garder la maîtrise des flux de production pendant les vacances d'été… c'est bien ça ?

D'un propos spécifique vers un propos général

Un responsable des ressources humaines (RRH). — Ce jeune est vraiment un ingrat de partir 11 mois après l'embauche !

M. — Comment est-ce que cela se passe en général avec d'autres jeunes ?

RRH. — C'est souvent la même chose. On investit, on leur fait confiance et ils ne restent même pas le temps d'amortir le recrutement et la formation.

M. — Pour quelles raisons, d'après vous, partent-ils ?

RRH. — Ils veulent se faire un CV. Quelques bonnes expériences dans les 5 premières années leur assurent des possibilités de rebond plus grandes que le même temps dans une même entreprise.

M. — Donc, si je comprends bien, les jeunes diplômés ont tendance à avoir plusieurs expériences courtes en début de carrière. C'est ce que valorisent beaucoup d'employeurs, même si ça pose problème, comme pour vous, à ceux qui ont investi sur la première expérience.

[À ce stade, le jugement négatif sur le jeune est recadré vers un propos global. Il est possible de continuer plus en avant, et peut-être découvrir que ce RH valorise les parcours diversifiés de début de carrière quand il recrute… il se découvre alors à la fois victime ET contributeur du système.]

D'un propos général vers un propos spécifique

> Les cadres de plus de 50 ans sont tous sous-performants !
>
> M. — Qu'est-ce qui vous fait dire ça ?
>
> J'ai eu récemment l'expérience d'une collaboration difficile et insatisfaisante avec deux personnes de plus de 50 ans.

D'une solution prématurée vers un intérêt ou une option

Si la solution proposée est en fait une position, ne cherchant pas à prendre en compte les besoins de l'autre partie, le médiateur va rechercher l'intérêt sous-jacent : « Qu'est-ce que cette proposition réglerait pour vous ? ». S'il s'agit d'une véritable proposition mais prématurée, le médiateur peut dire : « Je vois que vous cherchez déjà des solutions et il nous faut encore un peu de temps pour terminer de creuser le problème. Je vais noter votre proposition et nous pourrons l'examiner plus tard ».

D'une représentation vers un processus, un malentendu, des valeurs différentes, des observations différentes…

Ce type de recadrage est un peu plus complexe car il nécessite d'orchestrer une interaction entre les différents participants à la médiation. Il s'agit de partir de deux représentations contradictoires (et bloquantes pour la suite) et de les déconstruire. Un exemple simple de recadrage vers un malentendu est présenté ci-dessous. D'autres exemples seront présentés à la suite du tableau de bord du médiateur (p. 105 et suivantes).

> Partie 1 (P1). — Elle a outrepassé mon autorité.
>
> Partie 2 (P2). — Il ne veut pas que je suive de formations.
>
> M. — Que s'est-il passé ?
>
> P1. — Elle s'est inscrite sans ma permission à une formation en me mettant devant le fait accompli. J'ai reçu simplement copie de sa demande au service formation en n'ayant plus qu'à acter. Dans ces conditions, j'ai dit NON.
>
> M. — Et de votre côté ?
>
> P2. — J'ai reçu un M-él. du service formation indiquant qu'il restait deux places pour une formation que je souhaitais faire depuis longtemps. Il fallait répondre avant vendredi et mon chef ne rentrait que le lundi. J'ai envoyé un e-mail au service de formation en disant que j'étais intéressée par cette formation et que mon chef confirmerait mon inscription en début de semaine prochaine.
>
> P1. — Oui c'est exactement ça, vous voyez bien que c'est un fait accompli…
>
> M. — Madame, qu'est-ce que ça voulait dire pour vous « Mon chef confirmera » ?

P2. — Que mon chef examinerait la demande et déciderait de poursuivre ou non l'inscription.

M. — Si je reprends le tout. Madame, vous avez reçu l'information qu'il restait des places pour une formation que vous souhaitiez suivre mais il fallait se prononcer dans les deux jours alors que votre chef ne rentrait que le lundi. Vous avez envoyé un e-mail au service formation, avec copie à votre chef, avec la mention « mon chef confirmera ». Monsieur, quand vous avez trouvé ce message le lundi, cela vous a déplu car cela signifiait pour vous que la décision était déjà prise sans votre accord préalable. Quant à vous, Madame, vous vouliez dire j'ai très envie de faire cette formation, sous réserve de l'accord de mon chef qui ne pourra examiner la demande que lundi...

Le questionnement et l'entretien non directif

Il existe différentes manières de poser des questions et mener un entretien. L'approche peut être directive : les questions sont alors en général fermées (quand, qui, quel...) et les sujets de l'entretien strictement délimités. Cela peut ressembler aux questionnaires administrés dans la rue par les instituts de sondage. Ce type de questionnement est utile dans certaines circonstances (manque de temps, besoin de validation à grande échelle, recherche d'une réponse satisfaisant un besoin précis, recherche de recoupements et incohérences...).

L'entretien non directif est une technique d'entretien radicalement différente issue des travaux de Carl Rogers et qui a largement dépassé l'application initiale psychothérapeutique. Une grande partie du travail de médiation repose sur cette approche (à l'intérieur d'un cadre cependant défini par le médiateur avec les parties et qui conduit à une directivité sur la forme).

Cette approche est particulièrement utile lorsqu'on souhaite :

- développer une relation empathique et une légitimité vis-à-vis des parties,
- comprendre une situation dans sa globalité,
- favoriser l'expression de sentiments ou propos enfouis,
- découvrir une situation inconnue...

Il existe des formes intermédiaires : l'entretien non directif centré (les questions sont ouvertes mais l'entretien part d'un axe de réflexion vers lequel on va revenir) et l'entretien semi-directif (les questions sont ouvertes mais définies au préalable en limitant les effets de rebond). Par ailleurs, le questionnement peut être direct (la réponse recherchée est en rapport direct avec la question) ou indirect (la réponse à la question n'est intéressante que par ce qu'elle peut révéler d'autre). Le questionnement indirect peut être un moyen puissant d'obtenir des informations mais il nécessite un positionnement éthique car ce peut être aussi l'occasion d'extorquer des informations[1]. L'abus de cette approche va finalement générer plus de fermeture que d'ouverture.

L'entretien non directif peut comporter plusieurs phases.

- Lancer l'entretien par une question générale ouverte (mais qui peut être centrée). Par exemple : « Comment s'est produite la rupture que vous avez évoquée au téléphone ? » ou bien « Pourriez-vous me parler de ce qui vous amène ici ? ».
- Offrir une écoute inconditionnelle et en évitant les interruptions. Pendant ce temps, noter des propos sous forme de mots clefs lorsqu'ils semblent contenir des points à explorer. Éventuellement noter des questions que l'on se pose.
- Après le premier flot, laisser un silence. Il peut s'agir d'une pause, la personne abordera peut-être d'autres points. Il est possible aussi de l'encourager en disant « Autre chose concernant cette séparation ? ».
- Il est ensuite possible d'effectuer les relances. Cela consiste à reprendre les points notés pendant l'entretien pour les explorer davantage. On commence par les points les plus ouverts ou généraux. Les questions fermées (qui, quand, quoi, où...) seront gardées pour la fin.

Les principales utilisations de ce type d'entretien sont, avec des adaptations parfois, dans les entretiens préalables, lors du premier contact (et lorsqu'on a décidé d'entrer dans une phase d'écoute du problème, bien entendu) ou en début de médiation (récit global de chacun en phase I).

1. Un détective souhaite obtenir des informations sur l'habitant d'un immeuble. Il se présente à la concierge en tant qu'enquêteur d'un institut étudiant le mode de vie des Français. Il posera une question indirecte (par exemple : combien de soir par semaine les habitants mangent-ils à la maison), s'attardera également sur chaque habitant mais ne conservera que les informations sur celui qui l'intéresse. Il pourra facilement l'identifier par recoupement d'informations connues (âge, situation matrimoniale...), malgré l'apparence d'un cadre confidentiel (ne me donnez pas les noms, ni les étages...), destiné à briser les éventuelles résistances.

Les questions vérités

Face à des prétentions semblant démesurées, face à une perception exagérée de la réalité (par exemple des suites judiciaires imaginées très favorables et faciles), le médiateur peut être tenté de brader sa neutralité et son impartialité. La question vérité est une tentative d'aider une partie à se recadrer là où les approches habituelles de recadrage sont insuffisantes et sans que le médiateur n'ait à brader sa neutralité. Le principe consiste à trouver la question qui va permettre à l'une ou l'autre des parties de réexaminer sa situation avec une perspective différente (en référence à la négociation raisonnée, on peut parler de confrontation à la *mesore* réelle). On peut donc la classer dans la famille des techniques de recadrage. Il s'agit plus ou moins du procédé socratique de la maïeutique. Cela se distingue de l'entretien non directif notamment par une certaine intentionnalité (amener à une vision nouvelle ou différente).

Tableaux 3.1 – Exemples

Propos d'une personne	« S'il ne me donne pas 1 000 €, je les aurai au tribunal… »
Argumentaire à éviter par le médiateur	« Vous savez, au tribunal, vous n'êtes pas sûr de gagner, et c'est long et coûteux… »
Questions vérités que peut poser le médiateur	Vous êtes-vous renseigné sur les procédures judiciaires ? leur résultat ? que vous a-t-on dit ? (peut permettre de proposer une piste pour accéder à une information précise…)

Propos d'une personne	« Je peux partir de mon côté et je trouverai facilement autre chose »
Argumentaire à éviter par le médiateur	Le marché du travail n'est pas aussi facile, vous risquez de chercher, de perdre une situation qui avait de bons côtés…
Questions vérités que peut poser le médiateur	Qu'allez-vous faire si vous n'y arrivez pas ? Avez-vous déjà des propositions ? Vous êtes-vous renseigné sur les débouchés aujourd'hui ? Quelles informations en avez-vous retiré ?

Le tableau de bord de la médiation

L'observation des comportements concrets des médiateurs m'a amené à réfléchir à un tableau de bord pratique. Les médiateurs oscillent souvent entre improvisation totale et tentative de suivre un cadre rigide. De plus, la difficulté de prendre du recul face à des parties qui s'agitent conduit souvent à « oublier » ou mettre de côté tout ce que l'on sait. Ce tableau de bord est donc une tentative pour offrir un outil concret utilisable *pendant* la médiation. Il s'agit avant tout d'avoir en temps réel des points de repère sur ce qui mérite d'être travaillé et comment. Deux documents sont proposés : le premier est conceptuel, le second est une grille à usage pédagogique, mais le médiateur pourra préférer une feuille blanche une fois l'outil maîtrisé.

Ce tableau part de quelques constatations : d'une part le comportement spontané des parties, souvent « toxique » ou conflictuel (sinon elles ne seraient peut-être pas là) ; d'autre part le comportement régulé, qui doit être constructif et que le médiateur a pour mission d'encourager. Cela permet de définir deux espaces : l'espace d'échange et de négociation ET l'espace conflictuel toxique. Il s'agit donc pour le médiateur, tout au long de la médiation, d'avoir les moyens de repérer puis réguler les comportements bloquants et de favoriser une transformation vers des comportements favorables à la résolution des problèmes.

Les principaux facteurs de « toxicité », comme nous l'avons vu dans les différentes parties consacrées au conflit, sont :

- la prise de position sur l'issue (demandes et refus) : *ce sera comme ça !*
- les arguments répétitifs (qui deviennent ensuite des jugements et attaques personnelles)
- les positions rigides sur la réalité (représentations) : *ça s'est passé comme ci, tu es comme ça !*

La présence d'un médiateur ne se justifierait pas s'il s'agissait simplement de regarder les parties continuer à faire ce qu'elles faisaient déjà : jouer les chiffonniers ! Le médiateur cherchera donc à contenir et recadrer ces différents points (voir le recadrage p. 94).

Le dialogue authentique devra au contraire généralement passer par l'exploration de trois dimensions :

- **les choses à régler** (les intérêts, les préoccupations matérielles...),

– **les aspects personnels** (la relation, les sentiments : frustrations, déceptions ou joies…),
– **les représentations différentes** et la construction d'une vision globale.

Les demandes ou refus (positions sur l'issue) et les représentations (positions sur la réalité) vont générer des arguments, souvent inutiles, voire nuisibles à l'explication. Entourés de leur coquille toxique (c'est-à-dire qui prête à contre-argument, contre-attaque…), les arguments tournent parfois à l'argutie (le pinaillage, l'argument à tout prix…). D'une manière générale, les demandes et refus pourront être recadrés vers une ou plusieurs préoccupations. Les représentations pourront impliquer de travailler les perceptions, l'origine des certitudes, les interprétations… afin d'aboutir ultérieurement à une vision globale. Les arguments méritent souvent d'être ignorés (quand ils tournent à l'argutie). Parfois, ils peuvent cependant porter une préoccupation (que l'on pourra prendre en compte) ou une représentation (à retravailler).

Les représentations antagonistes[1] pourront être travaillées en vue de faire émerger une vision globale. Il s'agit d'amener les parties à prendre le recul que le médiateur peut avoir en étant « monté au balcon ». Certains préjugés et certitudes pourront être retravaillés. On cherchera souvent les contributions à un problème plutôt que les fautes, notamment par l'identification du décalage et des liens de causalité entre intentions et impacts sur l'autre. Parfois, il faudra accepter qu'il y ait une perception autre d'une même réalité ou une valeur différente. Il s'agit d'aboutir à un accord sur le désaccord qui peut être porteur aussi bien de points communs que de désaccords persistants (mais qui au moins sont posés et identifiés). Le médiateur creuse jusqu'à ce que soient identifiés (et/ou) :

- un malentendu

Le commercial avait dit : « *Vous n'aurez pas à changer ou entretenir le mécanisme souvent* », il pensait tous les ans au lieu de tous les 6 mois sur d'autres produits. Le client se croyait tranquille pour au moins trois ans.

1. Toutes les représentations ne sont pas à retravailler. Le médiateur traite celles qui par l'opposition qu'elles impliquent risquent de bloquer le dialogue et l'ouverture aux préoccupations de l'autre. Ces représentations contradictoires vont souvent, si elles ne sont pas retravaillées, conduire à penser que l'autre partie est menteuse, de mauvaise foi,… Cela constitue alors un obstacle à l'échange.

- un processus de contributions réciproques ayant conduit à un résultat non souhaité

  Ce point sera détaillé davantage un peu plus loin dans le cadre de l'exemple (page 105). Prenons simplement en attendant cette histoire classique d'un couple heureux… jusqu'au jour où la femme devient triste, pour une raison qui nous échappe, alors le mari va boire (un peu trop) pour se changer les idées. À moins que ce ne soit le contraire, personne ne le sait. Toujours est-il que cela rend la femme encore plus triste, alors le mari boit davantage… Quand le mari boit, la femme est triste et quand la femme est triste, le mari boit… et les deux sont malheureux.

- un critère objectif (critère de référence) commun

  Le responsable des ressources humaines et le chef du service informatique sont en désaccord sur la rémunération d'un stagiaire. Ils souhaitent tous les deux une rémunération équitable (mais n'ont pas la même idée de ce qui est équitable). Ils tombent d'accord pour s'appuyer sur une étude publiée dans le magazine l'Étudiant (ou bien sur ce qui se pratique en moyenne dans les autres services).

  Mais aussi :

- des valeurs différentes

  Deux chefs de projet d'un groupe mutualiste réalisent en médiation que leurs désaccords des derniers mois sont issus d'une hiérarchisation différente entre des valeurs libérales et des valeurs mutualistes. Ils devront désormais apprendre à faire coexister ces valeurs ou les dépasser par d'autres valeurs communes.

- des observations ou perceptions différentes

  L'un se souvient avoir précisé le tonnage et l'autre pas.

- des ressentis différents ou des vécus émotionnels personnels…

  L'un a trouvé l'ambiance de travail agréable et l'autre pas.

- une préoccupation

  L'employeur estime que son employé consomme trop d'alcool et l'employé affirme que non. Au-delà des représentations, la préoccupation de l'employeur est de préserver le standing de l'entreprise vis-à-vis des clients (et peu importe la vie privée du salarié).

  Un exemple détaillé est proposé après les schémas suivants.

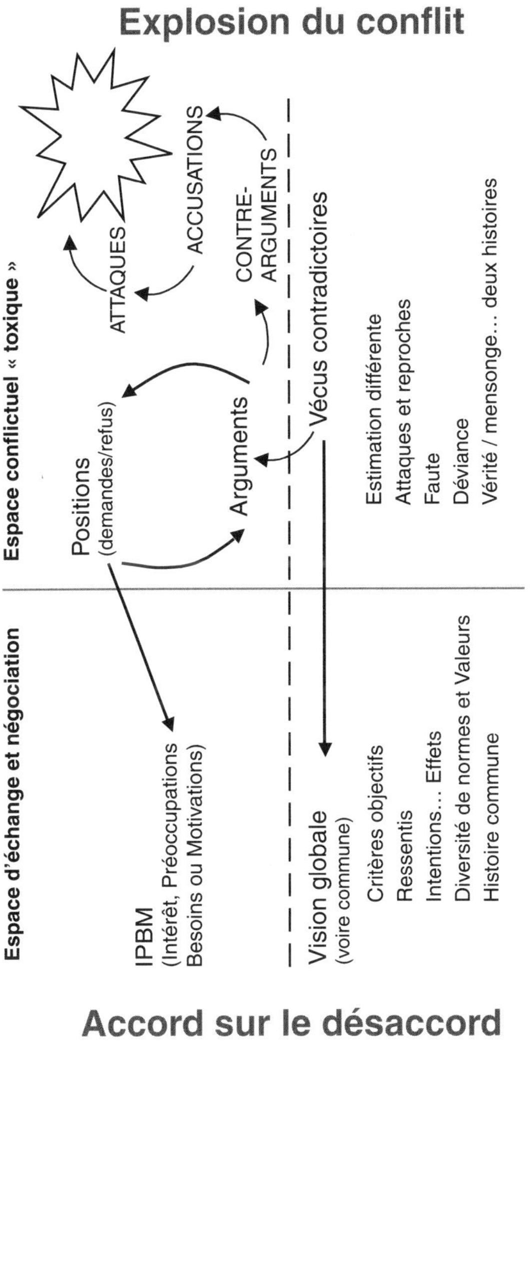

Figure 3.4 – Le tableau de bord du médiateur

Tableau 3.2 – Le tableau de bord du médiateur

A B

Demande ou refus	Préoccupations	Préoccupations	Demande ou refus

Représentations antagonistes et attaques personnelles	Vision globale – Vue du balcon Représentations globales et Ressentis	Représentations antagonistes et attaques personnelles

APPLICATION

Un litige commercial

La société Vidéo + commercialise des produits multimédias et souffre depuis quelques années de manière croissante de disparition de marchandise qui pourrait provenir de vols par la clientèle. Elle a décidé d'équiper son réseau de magasin d'un système de vidéosurveillance en commençant par les 5 plus gros points de vente. Elle a eu recours à la société Bigpro qui a proposé un premier devis de 200 000 € (main-d'œuvre et matériel). Après différents entretiens et visite des sites, un contrat de prestation de service de 100 000 € a été signé. Ce contrat n'incluait que la main-d'œuvre, le tableau de commande et le câblage : le matériel vidéo (caméras et écrans) étant fourni par Vidéo + sur spécification de Bigpro (qui a estimé pouvoir s'approvisionner à moindre coût que chez Bigpro, soit environ 20 % de moins). Le contrat prévoyait un paiement de 30 % à la commande, 40 % après installation et le solde à l'issue des trois mois de suivi. Une fois l'ensemble du câblage réalisé, il est apparu que le système ne fonctionnait pas correctement. Aucune des fonctions avancées de la console ne fonctionne et seules les fonctions traditionnelles sont activées (enregistrement et stockage sur 48 h). Vidéo + s'estime lésé et n'a pas payé les 40 % dus à l'issue de l'installation. Bigpro indique que le matériel fourni par Vidéo + n'est pas conforme aux spécifications et n'est pas compatible avec le câblage pour une utilisation optimale. Les trois mois de suivi viennent de s'écouler et Bigpro refuse désormais de répondre à toute sollicitation puisque n'ayant pas été payé. Après contact avec leurs avocats, les deux sociétés ont décidé de recourir à une médiation.

Le tableau 3.3 montre ce que l'on pourrait extraire et retenir de la situation en vue d'une synthèse avant recherche de solutions.

➤ Remarque

Il n'est pas nécessaire d'avoir la fiche à remplir avec soi ni même d'écrire tous les points. En fait, le plus souvent il s'agit essentiellement pendant la médiation de cadrer les éléments toxiques (le plus souvent il est inutile de les noter) et d'identifier précisément (au début sous forme d'hypothèses) les préoccupations matérielles ou relationnelles des parties ainsi que les affirmations contradictoires (notées face à face).

Tableau 3.3

Bigpro			Vidéo +
Demandes et refus	**Préoccupations**	**Préoccupations**	**Demandes et refus**
– Vous devez nous payer – Vous devez payer les frais supplémentaires pour que ça marche	– Rentrer dans ses frais (de personnel principalement) et si possible gagner de l'argent – Avoir une chance d'accéder au marché global (intérêt qui émerge en phase d'amélioration après avoir été oublié) – Trouver une solution pour l'inadéquation du matériel et du câblage	– Avoir un système efficace – En avoir pour son argent (rentabiliser l'investissement) – Assurer la suite du développement pour les autres magasins dans les meilleurs délais – Trouver une solution pour l'inadéquation du matériel et du câblage	– On ne paiera pas pour un travail inachevé – Il est hors de question de payer des frais supplémentaires
Représentations antagonistes et attaques personnelles	**Vision globale – vue du balcon (base pour la reformulation globale du médiateur)**		**Représentations antagonistes et attaques personnelles**
Ils n'ont pas fourni le bon matériel (caméra et écrans)	[recadrage d'un malentendu] Bigpro avait spécifié une compatibilité avec le format CB, ce que Vidéo + a transmis à son fournisseur. Or, le format a évolué depuis 6 mois pour porter de nouvelles fonctionnalités (certains professionnels indiquent CB1 et CB2 pour les distinguer). Pour Bigpro, il semblait évident que Vidéo + obtiendrait du matériel compatible nouveau format sans qu'il soit nécessaire de le préciser et le câblage est de type CB2. Vidéo + ne connaissait pas cette différence et ses conséquences possibles.		Ils n'ont pas fourni le bon matériel (câble) et savoir-faire

Tableau 3.3 (*suite*)

	Bigpro n'a pas insisté sur ce point car il a pensé que Vidéo +, en étant dans la profession serait sensibilisé à ce point (mais Vidéo + fait du matériel grand public uniquement). En ayant consulté la presse spécialisée [critère objectif] chacun a réalisé que ce changement de norme avait provoqué beaucoup de malentendus dans la profession.	
Ils n'assurent pas leurs obligations et cherchent le contentieux	[recadrage d'un processus : intention, action, impact] N'ayant pas un système opérationnel à la fin du montage, Vidéo + a annoncé « nous ne paieront pas en l'état » (action), il s'agissait de faire pression pour trouver le problème et le résoudre (intention) mais cela été perçu par Bigpro comme une décision (impact) et la nécessité de se protéger et limiter les coûts supplémentaires (intention) qui a conduit à suspendre le service de suivi « tant que nous ne serons pas réglés conformément au contrat » (action), ce qui a profondément agacé le directeur des systèmes d'information de Vidéo + très exposé par cet enjeu stratégique vis-à-vis du comité de direction (impact) qui pour limiter les conséquences a envoyé par recommandé une injonction de faire (action), etc.	Ils n'assurent pas leurs obligations et cherchent le contentieux
Ils cherchent à nous faire payer leurs erreurs	Même principe à partir d'une proposition de remplacement des câbles par Bigpro à prix coûtant (pensé comme geste commercial mais vécu dans le contexte comme abus de position).	Ils cherchent à *augmenter* la facture à nos dépens

Dans le cas présent, cette prise de notes pourrait être :

Sur la feuille du médiateur

	Bigpro	Vidéo +
Préoccupations	– Rentrer dans ses frais (de personnel principalement) et si possible gagner de l'argent	– Avoir un système efficace
	– Avoir une chance d'accéder au marché global (intérêt qui émerge en phase d'amélioration après avoir été oublié)	– En avoir pour son argent (rentabiliser l'investissement)
	– Trouver une solution pour l'inadéquation du matériel et du câblage	– Assurer la suite du développement pour les autres magasins dans les meilleurs délais
		– Trouver une solution pour l'inadéquation du matériel et du câblage
Représentations	Ils n'ont pas fourni le bon matériel (caméra et écrans)	Ils n'ont pas fourni le bon matériel (câbles) et savoir faire
	Ils n'assurent pas leurs obligations et cherchent le contentieux	Ils n'assurent pas leurs obligations et cherchent le contentieux
	Ils cherchent à nous faire payer leurs erreurs	Ils cherchent à augmenter la facture à nos dépens

Il sera possible de revenir en temps voulu sur les différents points notés. Désamorcer et dépasser les différences de perceptions ou de représentations sera souvent un préalable à une implication réelle des parties. Dans le cas contraire, il y a souvent l'idée que l'autre étant responsable, c'est à lui de faire l'effort.

L'usage du *paper board* (tout cela tient normalement sur une page !) peut être un excellent moyen de créer une dynamique commune. Attention à valider les points avant de les noter tout en veillant à ce que cela reste authentique pour celui dont cela reflète la manière de penser et non agressif pour l'autre (les autres). Si les propos exprimés sont des positions, il convient de ne pas les noter en l'état afin de ne pas stigmatiser.

Il est possible de lister les préoccupations de chacun en les validant au fur et à mesure.

Sur un *paper board*, il n'est pas souhaitable de noter les représentations contradictoires (au risque de les stigmatiser) mais l'on peut noter les points à traiter (ordre du jour) en complément du listing des préoccupations. Ce pourrait être : la cause du dysfonctionnement, le paiement (montant, date…), la mise en conformité du système, le marché que représente les autres magasins, le suivi…

À partir de cette présentation ouverte, un travail de créativité peut faire émerger de nombreuses idées au départ inattendues et inespérées :

- échange du matériel vidéo inadapté chez le fournisseur et montage gratuit par Bigpro (beaucoup moins long que de refaire le câblage) ;
- reprise du matériel vidéo par Bigpro au prix payé par Vidéo + (prix intéressant obtenu par ailleurs) et fourniture du matériel de deuxième génération au prix du premier devis, montage offert ;
- étalement du surcoût sur les prochains contrats à raison de 5 % de réduction par opération, jusqu'à épuisement du surcoût ;
- faire profiter Bigpro des tarifs du grossiste de Vidéo + qui offre des tarifs meilleurs que ce que Bigpro peut avoir, compte tenu des volumes sur les médias grand public achetés par ailleurs. Bigpro offre en échange la mise en conformité à ses frais ;
- règlement en nature du surcoût par Vidéo + sous forme de matériel utilisable par Bigpro (en interne ou externe) ;
- compensation du surcoût pour Bigpro en offrant à l'ensemble du personnel de Bigpro les mêmes conditions d'achat que le personnel de Vidéo + dans les magasins du réseau (–30 % sur le matériel grand public, home cinéma, etc.). Le CE et le personnel de Bigpro acceptent de participer (compte de tenu de l'avantage que cela représente) sous formes d'heures supplémentaires non comptées ou prises en charge par le CE ;
- réutilisation du matériel inutilisable ici sur des sites moins exposés au vol et ne nécessitant par une installation de deuxième génération ;
- …

Toutes ces idées sont à trier, évaluer, chiffrer, tester. Elles peuvent se combiner et être accompagnées d'une prise en compte réciproque humaine (reconnaissance réciproque) et n'ont de sens que si elles s'inscrivent dans une démarche de conscientisation (et non pas simplement comme échappatoire astucieuse). La médiation aura donc permis de recadrer les demandes vers des préoccupations, de prendre en compte les ressentis et de travailler les représentations. Des idées créatives, prenant en comptes les besoins de chacun auront été recherchées. La conciliation, dans un tel cas, consisterait principalement à confronter les parties à la réalité (ils auraient du mal à prouver qui a tort au tribunal, une action judiciaire serait coûteuse...) et de les encourager à faire un compromis (couper la poire en deux) pour en finir avec cette mauvaise histoire. En indiquant cette différence de fond, l'enjeu n'est pas de dénigrer la conciliation. Au contraire, elle a son utilité et sa place. On peut regretter que les juges n'agissent pas suffisamment comme conciliateur. La conciliation peut même être plus rapide et plus efficace que la médiation en particulier pour des affaires qui ne permettent pas la mise en œuvre d'une médiation. Bien entendu, les effets à long terme et les ambitions ne sont pas les mêmes. La médiation vise à permettre un apprentissage (personnel ou organisationnel) et à rechercher des solutions de préférence fondées sur la créativité et la reconnaissance réciproque.

L'utilisation des méthodes de créativité en médiation

➤ L'enjeu de la médiation en créativité

Si l'on distingue la médiation de la conciliation traditionnelle (au niveau méthodologique), cela vient de ce que la médiation peut apporter de spécifique et qui ne se réduit pas à une solution de compromis. La méthodologie de la médiation, selon les approches et les cas rencontrés, doit ainsi permettre :

- un accueil et un apaisement des émotions ;
- une définition plus ouverte des problèmes à résoudre ;
- une meilleure compréhension réciproque ;
- une évolution des représentations de l'autre et des évènements passés ;

– parfois une prise de conscience de jeux relationnels ouvrant la porte à des transformations.

Tout cela peut se jouer en général dans la phase de déconstruction (Phase I et II dans le modèle en quatre phases) et peut être formalisé dans le tableau de bord du médiateur.

Trop souvent, la suite de la médiation ressemble au niveau du résultat à la conciliation traditionnelle, comme si il y avait là une panne méthodologique. La phase III, inspirée du modèle de la négociation raisonnée, préconise un temps de créativité où différentes idées pourraient être lancées avant qu'une élaboration plus précise (phase IV) puisse être mise en œuvre. Ce temps de créativité a en pratique trop rarement lieu, alors même que des solutions créatives existent. Or, priver la médiation de cette richesse, c'est ôter la cerise sur le gâteau, la récompense des efforts d'écoute par une issue satisfaisante au-delà du compromis. C'est aussi donner à l'observateur (voire à l'utilisateur) l'impression que médiation et conciliation traditionnelle aboutissent au même résultat : couper la poire en deux pour en finir.

Mais pourquoi cette phase III est-elle souvent en partie escamotée ? Je pense qu'il y a deux explications principales :

1. Les parties sont encore trop tendues pour jouer le jeu.

2. Le médiateur ne dispose souvent pas d'outils ou de méthodologie d'aide à la créativité. Les méthodes les plus courantes peuvent être inadaptées à la médiation (par exemple les remue-méninges ou certaines approches analogiques impliquant une dose importante de fantaisie) du fait du contexte conflictuel.

Si le travail approfondi des premières phases apparaît comme une condition majeure de toute démarche créative, certaines approches resteront cependant inappropriées. Il peut s'agir des tensions passées ou actuelles ou du fait que les personnes ne sont pas liées par un projet commun fort.

Il y a donc à élargir la palette d'outil et à repenser la dynamique de la médiation. L'élargissement de la palette d'outil peut se faire en étant créatif sur les méthodes de créativité. On peut d'ailleurs imaginer toute une série de fondements aux méthodes de créativité en les classant du plus rationnel au plus irrationnel (Brabandere et Mikolajcak, 2004).

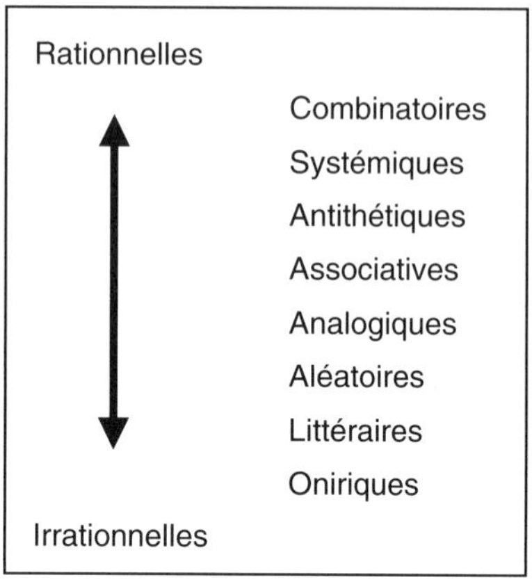

Si la découverte des approches fantaisistes en créativité a été un grand pas, il me semble qu'il est difficile de demander à des personnes en conflit (ou qui en sortent) d'y participer spontanément. On peut aussi s'interroger sur le postulat de la mise en présence de chacun. En créativité, une personne est soit un point d'appui permettant un rebond (c'est alors très positif), soit une présence gênante susceptible d'entraîner des réserves, de porter des jugements et qui doit être gérée. Or, même après un excellent travail de médiation, il est difficile de garantir que la créativité sera préservée des jugements négatifs qui constituent l'un des freins majeurs à l'imagination. Par ailleurs, les acteurs ont besoin de guidage si l'on veut ne pas être confronté à un silence pesant ou des idées pauvres.

➤ Proposition d'un modèle de créativité en médiation

La démarche proposée peut être mise en œuvre avec la présence de toutes les parties ou bien lors d'entretiens séparés. Ce qui suit emprunte plusieurs outils de la méthode de la pensée latérale d'Édouard de Bono (2004) adaptés au contexte de la médiation.

1. Bien identifier le problème : la focalisation

Cette première phase est essentielle car la manière dont on définit un problème risque de conditionner la suite. L'aboutissement à l'accord sur le désaccord et en particulier la formulation des intérêts ou besoins vaut une bonne partie du chemin (il y a déjà eu une chaîne de pourquoi à partir des demandes ou exigences initiales). Il peut être utile de regrouper les intérêts par enjeux (de préférence concernant le maximum de parties). Si une partie du problème n'est pas assez déconstruite, il faudra en rechercher les fondements (pendant la phase II). Il y a en général plusieurs thèmes dans une médiation, chaque thème reprenant (parfois plusieurs fois) une ou plusieurs préoccupations.

Exemple d'une relation de voisinage

> *Thèmes* : le bruit, la relation de voisinage, les conséquences de la bagarre...
>
> Focalisation sur le thème du bruit : « Que pourrait-on faire pour permettre à M. Dupont de dormir tranquillement ET à M. Durand de préparer son examen de batterie ? »

La focalisation doit être précise, concise et associer des préoccupations des deux parties. On utilise plutôt le ET que le OU ou bien le MAIS afin de ne pas opposer.

La focalisation peut se faire sur chacun des thèmes. Certains thèmes appellent une **démarche de créativité** à proprement parler, d'autres une **démarche de tâtonnement**. Le deuxième thème, la relation de voisinage rentre plutôt dans ce second cadre : « Comment voyez-vous une bonne relation de voisinage ? » : se dire bonjour, se téléphoner plutôt que de taper contre le mur...

2. Associer les idées spontanées

Il s'agit de poser les idées les plus immédiates pour répondre au problème posé. Sauf coup de chance, rien de vraiment nouveau n'émergera à ce stade. Le médiateur doit simplement veiller à ce que tout sorte (même ce qui est considéré comme mauvais) car cela servira de point d'appui. Il convient cependant de privilégier les idées qui incluent ou tentent d'inclure les préoccupations des deux. On procède souvent comme dans un remue-méninges mais sans forcer le trait. Dans certains cas, le fait de procéder en entretien séparé peut réduire les difficultés de gestion. Quand se dégage un véritable enjeu commun, travailler avec toutes les parties est particulièrement intéressant.

3. Continuer en capitalisant sur les ressources de chacun

Remarque : Cette étape peut être passée lorsque les idées spontanées apparaissent suffisamment riches en qualité et quantité.

Chacun dispose de connaissances et d'expériences qui peuvent être utiles à la résolution du problème sans pour autant faire le lien. Le médiateur peut y contribuer. Il agit alors un peu comme un coach en donnant du rythme et des impulsions par des questions et recadrages. En s'appuyant sur les champs connus par chacun, il est alors possible de susciter des idées par analogie de problèmes.

« Vous qui faites de la batterie depuis cinq ans, que savez-vous des manières de s'entraîner sans gêner les voisins ? Comment font vos amis ? »

– batterie électrique

– entraînement au conservatoire

– baguettes avec des bouts en coton

…

« Et vous qui êtes dans cet immeuble depuis sa construction, que pouvez-vous imaginer comme possibilité de faire de la musique sans gêner ? Y a-t-il déjà eu des problèmes similaires, comment ont-ils été réglés… ? »

– utilisation des caves (plusieurs caves sont inutilisées et pourraient être prêtées)

– utilisation de l'ancienne loge du gardien

– définition des horaires

…

4. Repérer les approches/concepts dont ces idées procèdent

À partir des différentes idées, le médiateur doit repérer celles qui ont quelque chose en commun (la même approche pour atteindre un but, une similitude…). Il va même progressivement être possible de repérer des sous-approches. Si le problème (*focalisation*) est : « dormir tranquille », l'une des *approches* peut être « se protéger du bruit » et l'une des *sous approches (ou concept)* qui en découle serait « mettre un isolant ». De ce concept émergent plusieurs idées : de la moquette, des dalles de lièges… On pourrait avoir d'autres approches : « être dans un endroit calme », « ne plus être gêné par le bruit »… dont découleront autant de concepts et d'idées. Cela peut se faire à haute voix sur un mode interrogatif : « Quand vous dites mettre de la moquette ou mettre un isolant, j'ai l'impression que c'est une manière de diminuer le bruit [approche] en mettant une isolation sur le sol... ».

L'arbre à idée

Il s'agit de reconstituer comme un arbre dont on connaît le tronc (la focalisation) et quelques fruits (les premières idées). En partant des premiers fruits, on remonte vers les rameaux secondaires (concepts) puis primaires (approches). Ensuite on peut redescendre vers d'autres fruits que l'on n'avait pas repérés spontanément. C'est ainsi que nous agissons devant un grand cerisier lorsqu'on peut tout d'abord ne saisir qu'une feuille ou un fruit afin d'accéder à d'autres fruits.

5. Rechercher systématiquement d'autres approches, d'autres concepts puis d'autres idées

Après avoir formulé la conceptualisation : « Quand vous dites mettre de la moquette ou mettre un isolant, j'ai l'impression que c'est une manière de diminuer le bruit [approche] en mettant une isolation sur le sol [concept]... », le médiateur peut réagir à chaud : «...quelles pourraient être d'autres manières d'isoler le sol...[concept] ? ». Il fait alors émerger d'autres idées rattachées au même concept. Il peut aussi susciter d'autres concepts en relançant l'approche : « Et qu'est-ce qui d'après vous pourrait aussi diminuer un bruit [approche] ? », voire d'autres approches (par opposition ou variation des approches existantes). On peut ainsi rapidement constituer un schéma similaire à celui qui est reproduit en page suivante et qui servira de support à la recherche d'idées. Ce schéma peut être mis en visuel commun dans certains contextes, dans le cas contraire, le médiateur peut simplement l'écrire pour lui-même ou l'utiliser mentalement.

➤ En cas d'impasse

- Ne pas hésiter à travailler par entretiens séparés pour faire le même travail.

Le médiateur utilisera les mêmes techniques en agissant comme un coach. Le changement de cadre pourra parfois permettre d'utiliser, avec précautions, des techniques de mouvement comme la provocation (voir exemple p. 116).

Exemple d'application de l'arbre à idées à un problème de bruit dans une relation de voisinage

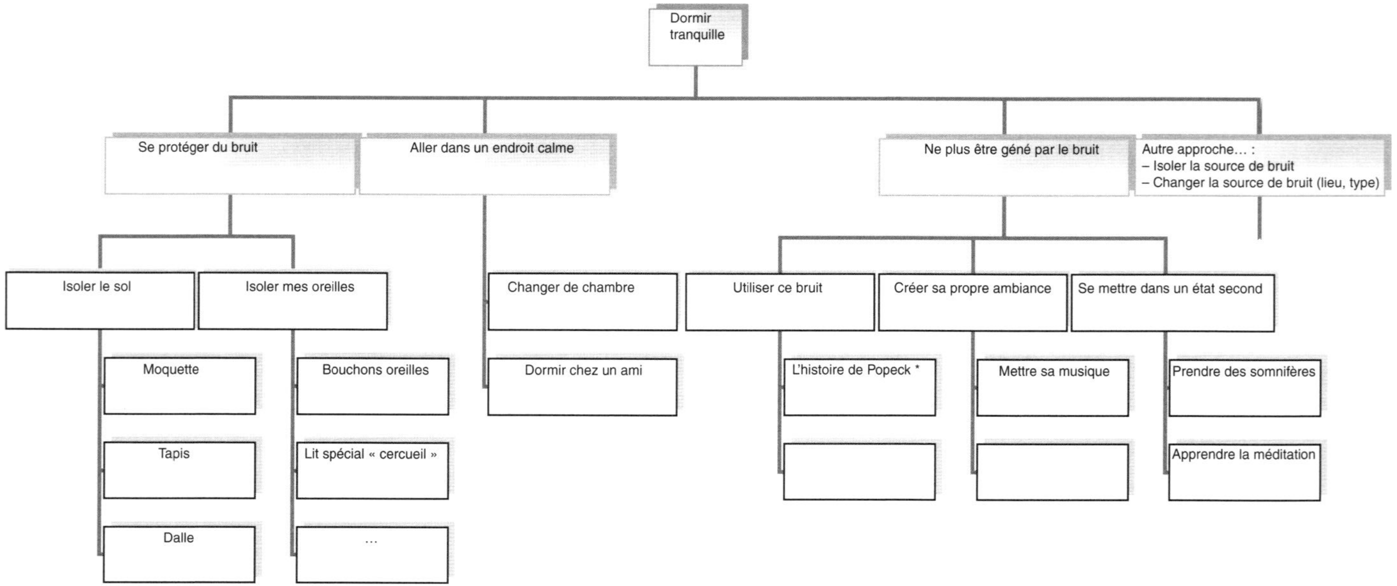

* L'histoire de Popeck : Gêné par la radio de son voisin, mais confronté à un molosse, il décide de procéder par la ruse et de le rémunérer en lui demandant de mettre plus fort pour mieux en profiter… puis au bout de quelques jours il cesse toute rémunération, ce qui se traduit « en sanction » par l'arrêt du bruit gênant !

- S'appuyer sur une check-list de principes courants de résolution de problème.

L'observation et l'analyse des sorties de crises ou arrangements permettent de dégager des principes récurrents dont beaucoup ont été formalisés par Rubin et al. (1994). La check-list proposée peut aider, en s'appuyant sur ces principes, à trouver des solutions sur mesures (voir encadré p. 120). Certains pourront regretter qu'en travaillant à partir d'une telle check-list le médiateur sorte un peu trop de sa neutralité. Il reste néanmoins impartial et centré sur le processus.

- S'appuyer sur des personnes apparentées mais qui ne sont pas décisionnaires et trop impliquées dans le différend.

Cette méthode est notamment appliquée dans certaines négociations où il y a de fortes cultures antagonistes incompatibles avec une démarche de créativité (relations direction/syndicats, conflits communautaires ou religieux...). Chaque partie nomme des personnes en qui elle a confiance mais qui n'ont pas de pouvoir de négociation. C'est ensuite avec ces personnes que des idées seront produites, puis livrées aux négociateurs – décideurs. Un panel plus large de méthodes de créativité peut être alors utilisé. Néanmoins, ce système ne s'appliquera pas aux situations courantes et ne peut donc se positionner comme pilier d'un modèle de médiation.

Exemple d'approfondissement avec la technique de provocation (Bono, 2004)

Délicate à utiliser en séance de médiation plénière (donc préférable en entretiens séparés), cette technique peut offrir des possibilités intéressantes avec des personnes qui ont un peu d'humour ou en cas de blocage persistant.

A. La recherche des évidences

La provocation marche d'autant mieux qu'elle se fixe sur une évidence ou un point non dit[1]. Le médiateur pourra en avoir listé dans des phases d'écoute. Il peut aussi en faire la liste avec son interlocuteur.

1. Une grande partie du talent des humoristes (ou de certains chansonniers) réside dans la capacité à mettre à jour ces conventions ou évidences et de jouer avec : « tous les matins j'apporte le café à ma femme.... Elle n'a plus qu'à le moudre et à le passer ». La créativité publicitaire procède beaucoup du même mécanisme (pensez à la publicité « Total » avec le papier toilette, ou bien celle concernant la 1ère classe d'une compagnie d'aviation qui n'existe que par le déplacement d'un rideau). Voir à ce sujet le livre de Jean-Marie Dru, *Disruption*, Village mondial, 2003.

B. La formulation des provocations

Bono distingue cinq grands types de provocations formulées à partir des évidences :

1. L'échappée : la remise en cause de l'acquis (« *les voitures n'ont pas de roues* »).
2. L'inversion (« *les roues sont sur le toit* »).
3. L'exagération (« *les roues sont plus grandes que la voiture* »).
4. La distorsion des séquences temporelles, des hiérarchies, des places... (« *les roues sont carrées* », « *les roues sont derrières la voiture* »).
5. Le souhait fantaisiste ou irréaliste (« *les roues s'adaptent au terrain* », « *les roues pilotent la voiture* »...).

C. L'exploitation des provocations : la récolte

On peut exploiter les provocations en utilisant principalement cinq techniques :

- Extraire un principe (concept) et voir comment il enrichit le schéma conceptuel. Du principe pourra découler des idées réalistes alors que la provocation ne l'était pas.
- Se focaliser sur la différence entre la situation actuelle et celle qui résulterait de l'affirmation provocante.
- Rechercher les conséquences positives de l'affirmation.
- Travailler image par image : simuler la mise en œuvre de l'affirmation étape par étape et en retirer les conséquences positives ou négatives (idem 3. mais en se focalisant sur le processus et non sur le résultat).
- Chercher des circonstances particulières qui donneraient sens à la provocation.

Ces techniques peuvent servir de repérage mais le médiateur aura besoin d'inspiration et de curiosité. La finalité restant de faire bouger les représentations et les immobilismes.

Application à la situation de voisinage, du point de vue de celui qui est gêné :

<u>Évidences (ou préjugés)</u> :

- Il sait que ça me gêne et il s'en fiche.
- Sa musique me gêne.
- Il aime le bruit.
- Il ne veut pas dormir.
- Il aime la musique à un niveau sonore élevé.
- C'est trop fort.
- La nuit, c'est fait pour dormir...

Provocations et exploitation rapide

1. *Vous gênez votre voisin (inversion de l'évidence 1.)*

   On pourrait négocier un donnant donnant pour voir comment moins se gêner.

   Je pourrais m'excuser à chaque fois que j'ai fait un peu de bruit (pour amorcer un mécanisme de réciprocité).

   Je pourrais faire moins attention pour le faire réagir…

   On pourrait conjointement demander au bailleur social une remise aux normes.

2. *On pourrait mettre plus fort (exagération de l'évidence 5.)*

   Je profiterais de sa musique et pourrais me laisser bercer.

   Cela ferait réagir aussi d'autres voisins.

3. *Pouvoir couper sa musique le temps de s'endormir en cliquant sur un bouton (souhait fantaisiste)*

   Je pourrais négocier une pause (pendant laquelle il pourrait faire des choses qui n'impliquent pas d'écouter de la musique : téléphoner, se doucher…).

   Je pourrais choisir de m'endormir au moment où il fait une pause

4. *Il n'y a plus de bruit (échappée)*

   Aller dormir chez un ami.

   Aller dormir dans une autre pièce.

5. *On dort en fin d'après midi (distorsion de l'évidence 6)*

   Faire des siestes pour pouvoir se coucher plus tard.

6. *Il a envie de dormir mais il n'y arrive pas (inversion de l'évidence 3)*

   Peut-être qu'il met de la musique pour s'endormir… alors on peut l'aider à s'endormir autrement ou différemment.

7. *Il aime la musique à un niveau sonore bas (inversion du point 4)*

   Peut-être qu'il met fort pour entendre à l'autre bout de son appartement… alors on peut l'aider à trouver une solution pour que ça s'entende (nouveau branchement, haut-parleurs relais, etc.).

Etc.

Quelques principes pour trouver des solutions en négociation

Positions initiales : il veut aller à la montagne, elle veut aller à la mer...

Après avoir identifié les intérêts ou préoccupations de chacun, on peut chercher des idées.

- En s'appuyant sur les attentes spécifiques de chacun

  a) La nouvelle option

  On oublie la demande initiale pour se concentrer sur une solution satisfaisant les intérêts sous-jacents.

  Ex. : un lac de montagne où on peut faire de la planche à voile/un coin au bord de la mer avec des sentiers de grande randonnée à proximité.

  b) L'élargissement du gâteau

  Augmenter les ressources communes pour diminuer l'opposition et permettre l'imagination et la réalisation de pistes a priori écartées (ou même plus simplement le partage des gains).

  Ex. : on réfléchit ensemble comment financer des vacances en Corse qui font l'unanimité.

- En utilisant la différence

  Il est souvent possible d'exploiter la différence dans la perception du risque (l'un est inquiet, l'autre pas : principe de l'assurance), du temps (urgent pour l'un et pas pour l'autre), de valeurs & attitudes culturelles comme ressource (l'un aime faire ceci ou l'autre pas, l'un a peur de ceci et l'autre pas...) ou plus largement de ce qui est important.

  Ex. : placer chaque type de vacances à des moments différents (montagne à Pâques, mer en été).

- En troquant des ressources spécifiques

  Il s'agit de rechercher quelle ressource peu coûteuse pour l'un peut profiter à l'autre et de ce fait alléger le problème d'ensemble.

  Ex. : dans un autre contexte, une entreprise accepte de faire profiter à son sous-traitant de sa machine de publipostage en échange de quoi, le sous-traitant peut accepter la baisse de prix demandée (car il économise davantage).

☞

☞

- Quand les idées ou les ressources sont rares

  a) La compensation non spécifique

  On cherche quelle autre satisfaction permettrait à l'un d'accepter la demande de l'autre.

  Ex. : l'un accepte d'aller là où l'autre veut aller mais pourra avoir une semaine dans le courant de l'été pour faire ce qu'il veut (stage sportif, vacances avec un vieil ami…).

  b) Le troc d'intérêt secondaire

  On recherche des idées ou des concessions telles que l'effort de chacun coûte moins que le bénéfice retiré.

  Ex. : l'un renonce au choix du lieu (mer/montagne) mais obtient satisfaction sur le confort.

  c) La réduction du coût

  On cherche à réduire le coût (moral, financier…) pour l'un de l'acceptation de la proposition/demande en retirant ce qui lui pèse le plus.

  Ex. : on va au bord de la mer mais dans un lieu nouveau permettant d'éviter l'apéro quotidien avec les propriétaires du lieu loué (personnes très aimables mais prenant chaque soir une heure de votre temps).

  d) Le compromis

  « Couper la poire en deux » ou faire des concessions réciproques sur les intérêts majeurs.

  Ex. : une semaine à la mer et une semaine à la montagne. On veillera à ce que le compromis soit équilibré et touche bien les intérêts et non les positions, en évitant le compromis médiocre du type : vacances continentales n'offrant ni les plaisirs de la mer, ni ceux de la montagne.

- Et en dernier lieu, agir sur le terrain du rapport de force

  En médiation, la MESORE (voir chapitre 2, partie consacrée à la négociation raisonnée) peut permettre de réévaluer le regard qui était porté sur la situation et sur les idées exposées jusqu'à présent. À utiliser en cas d'impasse et avec prudence seulement.

Un exemple commenté du déroulement d'une médiation

La retranscription d'une médiation complète de 2 heures pourrait occuper une centaine de pages avec les commentaires. Toutes les séquences n'ont pas un intérêt égal et la longueur pourrait lasser le lecteur. L'objectif est ici d'offrir au lecteur un aperçu de l'articulation des différentes phases et de quelques difficultés fréquentes. La reconstitution conduit à raccourcir les propos des parties (et donc donner l'impression d'une trop grande présence verbale du médiateur). Il manque aussi tous les effets de regard, silence... et les émotions qui sont exprimées. La situation choisie est un différend entre deux collègues, traité par un manager agissant comme médiateur.

Des relations difficiles entre collègues

Le médiateur est responsable de relations sociales dans l'entreprise Info-3000 où deux collègues partageant un bureau se plaignent l'un de l'autre. Le chef de service les aurait bien changés de bureau mais a estimé que d'une part cela ne réglerait pas leurs difficultés relationnelles et que d'autre part, ils doivent tous les deux accéder à ce bureau car il contient l'ensemble des facilités informatiques (accès haut débit, équipements de pointe, connectique...). Il a demandé au médiateur de les réunir pour qu'ils règlent leur différend sur les réseaux informatiques.

Nadine Delorme est administratrice du réseau interne et Michel Crébillon est webmestre (responsable du site internet). La gestion de l'extranet (c'est-à-dire ici l'accès à une partie du réseau interne depuis un lieu externe à l'entreprise) les concerne un peu tous les deux, ce qui les conduit aussi à travailler ensembles.

Le responsable des relations sociales a eu l'accord de Nadine Delorme et Michel Crébillon pour une rencontre de deux heures maximum dans la salle de réunion. Il débute la séance.

> M. — Bonjour, merci d'avoir accepté de venir discuter de la situation qui vous pose problème en ma présence. Je vous rappelle que cette réunion, à la demande de votre chef de service, doit vous permettre de mieux vous

expliquer et prendre des décisions. Je n'ai ni parti pris ni pouvoir de décision ou conseil. Il est en cependant nécessaire que vous acceptiez que j'intervienne sur le déroulement de la discussion et que vous respectiez deux règles. La première est de **ne pas vous interrompre**. Si vous entendez quelque chose qui vous semble difficile, inexact ou autre, vous pouvez le noter pour ne pas l'oublier. Si nécessaire vous avez le droit de demander un entretien séparé avec moi. La seconde est de **bannir toute attaque personnelle**. Êtes-vous bien d'accord ?

NADINE. — Oui, OK.

MICHEL. — Oui, bien sûr.

M. — Nous allons donc pouvoir commencer. Lequel d'entre vous souhaite démarrer ?

NADINE. — Ça m'est égal…

MICHEL. — Moi aussi…

M. — Bien, puisque le chef de service m'a dit que c'est Nadine qui s'est plainte en premier, je vous propose de commencer… j'aimerais que vous racontiez comment se passent pour vous les relations de travail avec Michel…

[Après avoir laissé le choix aux parties, le médiateur attribue la parole sans prendre le risque de perdre son impartialité… Il choisit un critère objectif impersonnel, celui qui a contacté le chef en premier, pour lancer la discussion. Il lance ensuite la médiation par une question large et ouverte.]

NADINE. — Ça ne peut plus durer. Je n'arrive plus à travailler dans de bonnes conditions. D'abord il fait des choses dangereuses sur le système, qui permettent à n'importe quel petit pirate informatique d'accéder à de précieuses données internes, voire de les détruire. Je veux qu'il ne s'occupe que de sa partie, le site internet, et se contente de prévoir une passerelle vers l'extranet que je peux gérer seule. En plus, il est vraiment de mauvaise foi…

[Ce dernier message de Nadine est toxique, le médiateur intervient immédiatement et recentre le propos.]

M. — Parlez-moi plutôt de ce qui vous préoccupe.

NADINE. — Il ne reconnaît même pas qu'il met le système en danger. Je vous passe aussi les réflexions machistes dès que je tente de lui en parler…

MICHEL. — Quoi ? C'est vraiment n'importe quoi ! Je vais vous dire…

[Michel saisit la brèche pour prendre la parole, car « machiste » est un propos toxique à son égard. Si le médiateur laisse faire, il n'y aura plus de respect des

règles, respect absolument essentiel tant que chacun n'a pas encore pu raconter sa vision des choses.]

M. — Attendez..., nous allons laisser Nadine aller jusqu'au bout, puis vous aurez tout le temps d'exposer votre manière de voir. Quant à vous, Nadine, j'aimerais que l'on évite tout jugement sur l'autre, comme « machiste ». J'entends bien cependant que vous vivez mal un certain nombre de propos venant de Michel... Est-ce qu'il y a autre chose ?

[Le médiateur se place comme garant des règles et poursuit à chaque fois son message par une ouverture pour l'un et pour l'autre. Il ne se contente pas de pointer le comportement problématique, il indique une voie.]

NADINE. — Il y a aussi le harcèlement continu contre ma liberté de fumer. Je fais quand même ce que je veux dans mon bureau, non ? Voilà, je n'ai rien à ajouter pour le moment.

M. — Merci. Michel, c'est à vous, j'aimerais que vous me racontiez comment vous vivez l'ensemble de la relation de travail.

[Le médiateur accompagne le passage de parole en relançant par une question générale qui permet d'éviter de rentrer dans un débat sur le dernier propos de Nadine et ferait perdre la vision d'ensemble du point de vue de Michel.]

MICHEL. — Le problème est que cette femme cherche toujours à me pourrir la vie !

MÉDIATEUR. — Michel... *[Le médiateur peut désormais intervenir d'une manière moins formelle pour faire respecter les règles, parfois un regard ou un geste suffira.]*

MICHEL. — Ah oui, pardon... Je voulais dire qu'elle clope dans le bureau à longueur de journées, sans se soucier de moi ! Et sans ouvrir la fenêtre, et dès la première heure du matin ! La seule solution, c'est qu'on lui attribue un autre bureau.

M. — Nous verrons plus tard pour les solutions. Est-ce qu'il y a autre chose, Michel ?

[Le médiateur recadre la position en la replaçant dans une phase ultérieure et relance l'exposé de Michel. Attention, il ne s'agit pas d'une relance d'approfondissement, comme il le fera dans la phase II. Il s'agit simplement ici de s'assurer que Michel va jusqu'au bout de son tour de piste et non pas de creuser.]

MICHEL. — Quant à l'informatique, on a du mal à se comprendre. Nadine n'y connaît pas grand-chose en programmation objet, charte graphique et sur tout ce qui concerne l'internet. Elle me demande de la laisser s'occuper de l'extranet, mais son interface ne colle pas du tout avec le reste du site internet. En plus, c'est vraiment pas ergonomique.

M. — Michel, si j'ai bien compris, vous vous plaignez de la difficulté à travailler dans une atmosphère chargée par la cigarette. D'autre part, vous n'êtes pas satisfait de l'organisation actuelle de l'extranet, c'est-à-dire de son ergonomie et de son style. Est-ce bien cela ?

MICHEL. — Oui…

M. — Nadine, de votre côté, vous vous sentez blessée par certains propos et limitée dans votre liberté de fumer. La sécurité du système de passage vers l'extranet vous préoccupe et ne vous satisfait pas non plus. Vous ai-je bien comprise ?

NADINE. — Oui.

Phase II. – Pourquoi ?

M. — Je souhaiterais vous poser quelques questions pour aller un peu plus loin.

[Le médiateur après la reformulation, conduit les parties en phase II, vers la recherche des causes et éléments sous-jacents. Il le fait d'abord par des relances sur des points abordés ou des questions ouvertes. Les questions fermées ne viennent qu'en complément et à la fin.]

M. — Vous avez parlé de certaines réflexions à votre égard…

NADINE. — Oui… Quand je rentre dans le bureau, il dit des choses du genre « Tiens voilà la Nadine ». Parfois, c'est même franchement vulgaire.

M. — Que ressentez-vous quand vous entendez ça ?

NADINE. — Ca m'irrite. Je me sens stressée et j'allume une cigarette pour me calmer… et aussi un peu pour lui renvoyer la monnaie de sa pièce.

M. — Hmmm… *[puis vers Michel]* « Tiens voilà la Nadine », ce sont des choses que vous dites à Nadine parfois ?

MICHEL. — Oui, mais il ne faut pas dramatiser… C'est pour plaisanter, elle prend tout à cœur ! Ça me permet aussi d'évacuer le malaise…

M. — C'est-à-dire ?

MICHEL. — Nos désaccords professionnels, la cigarette, la tension quoi !

M. — Globalement, j'entends qu'il y a des désaccords professionnels non résolus entre vous et aussi le problème de la cigarette. Cela crée une tension qui vous conduit, Michel, à des « plaisanteries »… mais qui sont pour Nadine des propos blessants. Cela l'amène d'ailleurs d'une part à fumer davantage, pour se calmer, et renforce la tension entre vous… C'est bien ce qui se passe ?

[À partir des propos de chacun, le médiateur reconstitue un processus de dégradation de la relation et s'assure de la validation.]

M. — Vous avez fait l'un et l'autre référence à vos désaccords professionnels... Michel, vous avez parlé d'ergonomie... J'aimerais en savoir plus...

MICHEL. — La passerelle proposée par Nadine n'est plus sous un environnement Windows auquel les commerciaux sont habitués mais Il faut tout saisir manuellement avec des codes longs et compliqués. C'est du mode texte, un truc pour informaticiens ! Beaucoup d'utilisateurs finissent par renoncer et après trois échecs le système se bloque. C'est pour ça que j'ai développé ma propre passerelle de gestion de l'extranet depuis le site internet.

NADINE. — ... avec de gros problèmes de sécurité ! Il y a eu quatre intrusions sur le serveur le mois dernier *via* le site. Je les ai stoppées à temps, mais ce ne sera pas toujours le cas.

[Au cours de la phase II, le médiateur peut alterner entre des moments où il laisse s'établir un dialogue direct, des moments où il apporte une vision synthétique et d'autres moments où il est très directif pour permettre par exemple un recadrage. Ici, il laisse s'établir un dialogue direct s'établir car cela apporte des informations nouvelles et le ton est plutôt constructif.]

MICHEL. — Ah bon ? Mais tu ne m'en as jamais parlé... *[sur un ton étonné et préoccupé].*

NADINE. — Bah c'est sûr, pour entendre encore des réflexions... et puis c'est pas ton rayon.

MICHEL. — Mais je suis informaticien autant que toi... l'internet et l'ergonomie ça fait partie du métier.

M. — Michel, il me semble que c'est important pour vous que votre fonction soit pleinement reconnue ?

[Le médiateur souligne un sentiment exprimé en demi-teinte]

MICHEL. — Oui !

M. — Nadine, vous semblez surprise...

NADINE. — Oui, il a l'air en général si sûr de lui...

M. — Était-ce votre intention qu'il ressente cela ?

[Nous avons là un exemple assez rare de question fermée en médiation. Elle n'est pas dangereuse car si la réponse est OUI, alors un travail intéressant peut suivre : pourquoi était-ce votre intention ? Sinon, cela permet de verbaliser quelque chose de constructif.]

NADINE. — Non, je le regrette, ce n'est pas ce que je cherche.

M. — Par ailleurs, nous voyons que les difficultés de communication évoquées tout à l'heure sont là encore un frein pour vos échanges quotidiens au point de vous empêcher d'échanger sur une information importante pour tous les deux... Michel, vous m'avez semblé étonné et préoccupé, qu'est-ce que ça change pour vous d'apprendre qu'il y a eu des intrusions ? *[Le médiateur relance le sujet abordé par Nadine en associant ce qu'il a observé. Il permet ainsi d'aller jusqu'au bout du propos.]*

MICHEL. — L'ergonomie est essentielle mais je ne souhaite pas que cela se fasse au détriment de la sécurité. Je pensais que les modules du système d'exploitation serveur livrés en standard étaient suffisamment performants...

M. — Il nous reste je crois à aborder la question de la cigarette... [le médiateur est garant que tous les points évoqués au cœur du conflit soient abordés car sinon, le tout risque de rebondir de manière inattendue et non maîtrisée].

MICHEL. — Oui, ça me pose vraiment un problème et j'ai le droit en ma faveur...

NADINE. — Et voilà... *[Le médiateur intervient très vite avant qu'elle dise : Et voilà, ça recommence... justement afin d'éviter que ça recommence.]*

M. — SVP, j'aimerais comprendre le problème que la cigarette pose à Michel... Comment ça se traduit pour vous ?

[Par son questionnement, le médiateur conduit Michel à sortir du registre du droit, de fait non appliqué et pour lequel la médiation n'est pas un voie de recours ou d'exécution. Il ne s'agit pas d'ignorer l'existence du droit mais de se focaliser prioritairement sur les intérêts ou enjeux sous-jacents.]

MICHEL. — C'est pas tant pour moi que pour ma femme qui est asthmatique. Quand je rentre le soir je suis obligé de changer d'habits. C'est vrai que ce n'est pas non plus très agréable...

NADINE. — Écoute, je suis désolé pour ta femme... c'est vrai. Moi, j'ai besoin de fumer, j'y peux rien.

M. — Au fond, il nous faudra trouver une solution qui permette à Michel d'éviter des complications comme changer d'habits pour ne pas nuire à sa femme et de travailler dans un environnement qui lui convienne tout en prenant en compte, Nadine, votre besoin de fumer.

[Devant le risque d'une guerre de positions fumer/ne pas fumer, droit/pas droit... le médiateur pointe les intérêts sous-jacents qui en tant que tels ne sont pas incompatibles. La possibilité d'une coexistence, à trouver, apparaît et chacun peut être rassuré sur la volonté d'une prise en compte de son problème.]

Transition vers la phase III. – Reformulation synthèse, « l'accord sur le désaccord »

Je vais maintenant tenter de faire le point sur les principaux points que vous avez abordés et qui sont à régler. Il me semble que…

Michel, vous souhaitez :

- ne pas subir la fumée de cigarette
- être respecté dans votre fonction
- offrir une interface extranet conforme à l'esprit du site internet
- avoir une plus grande facilité d'accès (ergonomie) à l'extranet

Nadine, ce qui compte pour vous c'est :

- de pouvoir fumer quand vous en avez besoin
- d'être respectée en tant que personne
- que la sécurité du réseau interne ne soit pas exposée du fait des connexions en extranet

[Dans cette synthèse, le médiateur veille à ce que sa formulation respecte authentiquement les préoccupations exprimées tout en les formulant d'une manière ouverte, acceptable pour l'autre, non incompatible.]

M. — Est-ce bien cela ? Ai-je oublié quelque chose d'important ?

…

Phase III. – Comment ?

M. — Il me semble qu'il ressort de tout cela trois grands enjeux : la relation entre vous, le fonctionnement du réseau et la cigarette.

[Avant de lancer une phase créativité, le médiateur regroupe les intérêts exprimés par enjeux pour les rendre intelligibles. Certains enjeux nécessitent un travail de créativité : le fonctionnement du réseau et la cigarette. La relation implique davantage une prise de conscience, des engagements de principes et la définition de manières de fonctionner. Le médiateur commencera de préférence par un enjeu important et facile (plutôt que secondaire et complexe) et concernant chacun afin de créer un climat positif et motivant. En cas de doute, il peut demander aux parties de hiérarchiser leurs principales préoccupations.]

M. — Je vous propose de commencer à traiter la question du réseau

[Le médiateur choisit un enjeu qui concerne les deux parties, qui est à l'origine d'autres problèmes et qui ne semble pas trop difficile à régler.]

M. — Nous allons chercher des idées et je vous demande de respecter trois règles : vous chercherez des idées satisfaisant l'autre en même tant que vous-même, ces idées ne vous engagent pas et vous pouvez ne pas être d'accord par la suite avec une idée que vous avez lancée, enfin je vous demande de ne pas émettre de critiques ou jugements pendant le temps de recherche d'idées. D'accord ?

…

M. — Nadine, ce qui compte pour vous, c'est avant tout la sécurité. Michel, vous avez reconnu l'importance de la sécurité mais votre fonction vous conduit à vous préoccuper d'abord de l'ergonomie et de la cohérence du design. J'aimerais donc que vous énonciez chacun toutes les idées qui permettraient une bonne ergonomie et design en toute sécurité…

[Le médiateur rappelle au moment de lancer la créativité les intérêts clefs à faire coexister.]

MICHEL. — Si Nadine me laisse gérer l'interface, je pourrais la laisser définir le processus et les limites conformes à la sécurité

NADINE. — Je préfère gérer l'interface, c'est ma compétence…

M. — Nadine, j'aimerais à ce stade seulement des idées, elles ne vous engagent pas pour le moment mais je vous demande de chercher des propositions en pensant aussi aux préoccupations de l'autre…

[Il est important de faire respecter les règles du jeu au démarrage sinon la dynamique de créativité ne prend jamais.]

NADINE. — Bah, on pourrait dans ce cas restreindre l'accès à distance à des données non vitales ou non secrètes

MICHEL. — … C'est vrai que les commerciaux téléchargent plutôt des formulaires, des prix ou de la documentation… on pourrait permettre l'accès à ces documents seulement et en lecture seule.

NADINE. — … Ou alors la direction accepte de payer pour un double réseau ?

MICHEL. — Oui mais… *[il est sur le point d'émettre un jugement, en disant par exemple que la direction n'acceptera jamais…]*

M. — Comment pourriez-vous adapter cette idée pour qu'elle marche pour vous ? *[le médiateur amène Michel à faire l'avocat de l'ange, au lieu de l'avocat du diable !]*

MICHEL. — … Ah oui, une possibilité serait de permettre *via* le site internet, avec ma passerelle d'accéder aux documents usuels et en général non strictement confidentiels… et pour le reste des données, utilisées moins fréquemment de recourir à la passerelle de Nadine… que l'on pourrait d'ailleurs travailler ensemble au niveau ergonomie.

NADINE. — Ça me convient tout à fait !

[Il ne s'agit en principe pas à ce stade d'aboutir à un accord sur une idée… mais il arrive qu'un consensus émerge naturellement. Il n'y aura donc pas sur ce point à trier parmi plusieurs idées.]

…

[Même travail pour le tabac, en rappelant les intérêts correspondants de chacun… ce qui fait émerger des idées comme : faire une demande conjointe d'aménagement du bureau (extracteur d'air), faire une demande conjointe d'attribution d'un nouveau bureau, installer Nadine près de la fenêtre (ce qui permet l'échappement des fumées), aménager la petite remise en y installant un câble réseau pour que Nadine puisse aller y fumer tout en continuant à travailler…]

…

M. — Il nous reste à aborder la question de la relation de travail entre vous… Nadine a fait référence à des réflexions qui la blessaient et Michel au besoin que sa fonction soit mieux considérée par Nadine… Vous avez chacun indiqué comprendre cela… et le regretter. Il nous reste à voir comment le prendre en compte. Michel, que pourriez-vous faire pour éviter de blesser Nadine… et Nadine, que pourrait faire (ou ne pas faire) Michel ? *[cet enjeu n'implique pas tant une recherche d'idée créative qu'une discussion avec prise en compte réciproque et définition de nouveaux modes de fonctionnement. Les règles du processus de créativité mis en œuvre précédemment n'ont donc plus lieu d'être].*

NADINE. — Qu'il évite les « plaisanteries » me concernant.

MICHEL. — Oui c'est d'accord, je ferai attention. Mais j'aimerais que tu évites aussi les réflexions sur la technologie web et l'internet, ce que tu appelles « l'informatique des beaux-arts »…

NADINE. — Oui d'accord, c'est vrai que c'est pas très sympa.

MICHEL. — Il y a aussi le problème que je ne sais jamais quand on peut aborder Nadine… et parfois je me fais envoyer balader sans raison apparente…

NADINE. — S'il n'y a plus d'allusions et de mauvaises plaisanteries, ça ira déjà mieux. Il faudrait aussi qu'il évite de me tomber dessus quand je viens juste de rentrer ou quand je suis occupé par quelque chose d'important…

M. — Quand est-ce le bon moment, et comment aider Michel à le savoir ?

NADINE. — Bah, c'est sûr que c'est pas toujours facile à deviner… Une solution serait qu'il m'envoie un message électronique pour savoir si je suis dérangeable et ainsi éviter mes humeurs… c'est un peu artificiel mais ça peut nous aider à éviter des tensions…

M. — Qu'en pensez-vous, Michel ?

MICHEL. — Je trouve cela plutôt rigolo, la messagerie électronique c'est mon quotidien… et je préfère cela que de me faire envoyer balader…

M. — Et concernant la reconnaissance de la fonction de Michel, que peut-on faire ?

MICHEL. — Attendez, en dehors des allusions à éviter, je demande pas grand-chose, juste d'être informé et associé à tout ce qui me concerne…

M. — J'ai l'impression que c'est n'est pas toujours clair entre vous ce qui concerne l'un ou l'autre… Que diriez-vous de lister ensemble les sujets sur lesquels vous devez vous informer et ceux que vous devez travailler en collaboration ?

[Ce travail peut être fait sur le champ ou reporté.]

➤ Transition vers la phase IV. – Évaluation des idées et options envisagées

M. — Il me semble avoir compris que concernant le réseau, l'idée d'une double passerelle avec des niveaux de sécurité et d'accès différents semblait faire consensus…

…

M. — Concernant la cigarette, vous pourriez chacun classer les idées par ordre de préférence en éliminant celles qui ne vous conviennent pas en l'état…

[À l'issue de ce travail, il apparaît que la meilleure solution à court terme et n'impliquant que Michel et Nadine est d'intervertir les bureaux. Nadine prendrait celui près de la fenêtre lui permettant de fumer en minimisant la gêne. Les autres idées impliquent l'accord de la direction et ne peuvent donc être envisagées qu'ultérieurement. Michel et Nadine aimeraient bien avoir chacun un bureau (1) mais considèrent plus réaliste l'utilisation de la remise (préférence n° 2 pour Michel) ou l'installation d'un extracteur d'air (préférence n° 2 pour Nadine).]

Phase IV. – L'accord

M. — Il nous faut maintenant définir des engagements précis sur chacun des points.

[Le médiateur reprend chacun des thèmes et conduit les parties à définir des engagements précis et opérationnels. Il pose pour cela de nombreuses questions : qui, quand, où, quoi si..., quoi si pas... avant de proposer une synthèse globale. Ces questions ne sont pas détaillées ici car la lecture en serait assez fastidieuse.]

M. — Je vais tâcher de résumer les différents engagements pris par chacun. Nadine et Michel, vous acceptez d'échanger vos bureaux et vous avez décidé de consacrer votre vendredi après midi à ce transfert. Cet aménagement devrait permettre d'améliorer le problème lié au tabac. Nadine s'engage à ne pas fumer avant 9 h 30 le matin dans le bureau. Vous avez décidé de réfléchir chacun de votre côté ce week-end à un projet de courrier à la direction pour demander l'attribution d'un deuxième bureau ou bien l'installation d'un extracteur d'air ou l'utilisation de la remise comme fumoir – espace de travail pour Nadine. Il est convenu que, en cas de non-attribution d'un nouveau bureau, Michel préférant la solution de la remise et Nadine celle de l'extracteur, vous laisseriez la direction trancher. Vous avez aussi indiqué que vous étiez prêt à avoir des bureaux plus petits si cela facilitait l'attribution de bureaux séparés.

Quant au réseau, Michel sera libre d'arranger la passerelle depuis le site internet vers l'extranet à sa manière (esthétique et facilité d'utilisation) avec l'accès à des documents choisis et sans possibilités de modification. Vous avez par ailleurs décidé de consacrer les prochains jeudis après-midi pour travailler ensemble une passerelle complète, sûre (selon les critères de Nadine) et ergonomique/esthétique (selon les critères de Michel).

Chacun s'engage à faire attention au respect témoigné à l'autre. M. Crébillon évitera les plaisanteries concernant Mme Delorme et celle-ci cessera de critiquer le travail et la fonction de ce dernier. Vous êtes convenus, pour éviter les manifestations d'humeur de précéder vos demandes par un courrier électronique auquel l'autre s'engage à répondre dans les meilleurs délais et au plus tard lors de la prochaine pause de la journée en cas d'urgence. Nous avons aussi prévu d'avoir un rapide entretien téléphonique lundi dans deux semaines pour s'assurer que la situation est bien stabilisée. D'ici là, je suis à votre disposition en cas de difficulté. Êtes-vous bien d'accord avec tout cela ? Je garde une copie exacte de ce dont vous êtes convenu, tel que je viens de le résumer.

D'autres formes de médiation

La représentation habituelle de la médiation se traduit par un médiateur (ou une médiatrice) et deux personnes en conflit. Bien que fréquente et souvent souhaitable, cette situation n'est pas la seule rencontrée en pratique. Il arrive qu'il y ait comédiation (deux médiateurs ou plus). La forme de la médiation peut aussi changer et impliquer un travail par entretiens séparés. La présence de nombreuses personnes peut même faire de la médiation un travail impliquant une dynamique de groupe et comportant de multiples facettes. Ce dernier aspect est complexe et encore très mal modélisé. Nous ne ferons que l'effleurer ici.

La comédiation

Cette variante du modèle « standard » a le mérite de permettre des variations pour ceux qui aiment la pratiquer. Elle permet tout d'abord de jouer sur des complémentarités de fond. Il peut être souhaitable, dans des situations dont l'un des enjeux est lié au sexe (homme/femme), à l'âge, la culture, de composer une équipe qui par sa complémentarité limite les projections symboliques[1]. L'impartialité et la neutralité peuvent ainsi être mieux préservées. Il est aussi possible d'obtenir une complémentarité des profils de personnalités des médiateurs afin de donner à chaque phase une juste place (voir p. 154 et suivantes). La complémentarité peut bien entendu se jouer par la maîtrise des enjeux (techniques, juridiques, psychologiques, médicaux) par l'un des médiateurs tandis que l'autre en restant naïf gardera la fraîcheur du regard neuf. Bien entendu, il y a aussi des risques, d'une part en comblant des incomplétudes bénéfiques (l'incompétence de fond du médiateur est aussi une force), d'autre part en préjugeant de tel ou tel trait concernant le besoin des parties ou de la situation.

Le jeu de complémentarité de la comédiation peut aussi être fonctionnel par un partage des rôles. L'un des médiateurs peut se focaliser sur la régulation (respect des règles de communication) tandis que l'autre est complètement disponible pour l'exploration (écoute, questionnement,

1. Pour toutes situations, il convient de bien faire attention aux *a priori* et aux réflexes systématiques. Elles ne nécessitent pas toutes des comédiateurs et cela ne doit rester qu'une éventualité.

reformulation...). Cela est très utile dans des situations complexes ou tendues (conflictualité importante, multiplicité d'acteurs...). Une variante est un partage entre un médiateur acteur et un médiateur observateur (ce qui peut être inversé à un moment donné). L'observateur pourra être plus facilement vigilant sur certains dérapages possibles (par exemple quant à la neutralité). Enfin, la comédiation facilite grandement les entretiens séparés en cours de médiation car aucune des parties ne se retrouve abandonnée. Il suffit alors aux médiateurs d'échanger quelques minutes avant de reprendre la séance plénière. Attention, il n'est pas utile que chaque comédiateur connaisse l'intégralité de ce qui a été dit à l'autre. Au contraire, cela serait coûteux en temps (faisant perdre l'avantage du système), risqué (témoignage de deuxième niveau) et peu respectueux de la confidentialité de chaque entretien. La brève entrevue sert essentiellement à coordonner la manière de réinvestir ce qui s'est dit avec chaque partie (ce qui par ailleurs a été négocié entre le médiateur et chaque partie en fin d'entretien).

Pleine de promesse, la comédiation présente néanmoins des risques. Les marins savent que mettre deux capitaines dans le même bateau multiplie les risques de le couler... même si chaque capitaine pris séparément est excellent et capable de ramener le navire à bon port. L'expérience montre que les possibilités de mésentente ou simplement de gêne de l'un par rapport à l'autre sont nombreuses. Aussi, la comédiation est certainement à déconseiller à des médiateurs débutants (sauf si l'un est plus expérimenté... il y a alors un capitaine et un second !). Il est essentiel de disposer de référentiels communs ou compatibles (processus issus d'une même formation, de l'espace de pratique ou simplement d'échanges de pratique...) et de codes de fonctionnement. Une question clef est de prévoir *avant* la médiation ce que l'on fera en cas de désaccord sur le déroulement. Accepte-t-on de se contredire devant les parties ou de s'affronter pour prendre les commandes ?

Il est en particulier utile de travailler préalablement les points suivants avec le futur partenaire (les partenaires de longue date ont généralement établi cela de manière explicite ou non) :

- ce que l'on fait en cas de désaccord majeur sur le déroulement (par exemple une interruption de séance) ;
- des codes pour communiquer sur des désaccords mineurs ou attirer l'attention sur un point particulier ;

- le déroulement de la médiation et le partage des rôles (plutôt que de discuter sur le fond du cas au risque d'aboutir à une vision commune qui fait perdre l'impartialité).

Vis-à-vis des parties, il est possible d'atténuer l'effet d'une éventuelle interruption de séance de recadrage entre médiateurs en annonçant d'entrée qu'il s'agit de quelque chose d'habituel qui risque de se dérouler à plusieurs reprises.

La médiation en navette et entretiens séparés

Ces deux variantes de la médiation ont en commun la rupture de la relation ternaire. Le médiateur se retrouve seul avec une partie et échange, puis fait de même avec l'autre, éventuellement plusieurs fois. Dans l'un des cas, il s'agit de la structure choisie pour la médiation et dans l'autre ce n'est qu'un moment ponctuel d'une médiation « classique ».

➤ La médiation en navette (ou indirecte)

Il est certainement souhaitable, dans de nombreuses situations, d'avoir une relation directe. Elle porte le dynamisme particulier de la structure ternaire et une authenticité inégalable pour les enjeux humains. Pourtant, certaines situations ne permettent pas la relation directe. Les litiges liés à Internet en fournissent une illustration : (propriété de noms de domaine, prestations de service, commerce…). Dans ce cas, le fonctionnement même du réseau est tel que souvent les acteurs ne se rencontrent pas en direct. La médiation, dans le prolongement de la culture du milieu a donc toutes les chances d'être indirecte[1]. Elle est fréquente dans les conflits sociaux du travail ou la gestion de projets (à travers le chef de projet).

Quelques critères de choix entre une médiation directe ou une médiation indirecte (en navette) sont présentés ci-dessous. Ils ne sont pas absolus mais indicatifs. Aussi, l'absence de relations futures est plus un facteur complémentaire que déterminant. En effet, même en

1. Voir par exemple IRIS (*www.iris.sgdg.org/mediation*) ou le Centre de médiation et d'arbitrage de l'organisation mondiale de la propriété intellectuelle (OMPI, *www.arbiter.wipo.int/events/index-fr.html*). La médiation est ici en quelque sorte doublement indirecte puisque même le médiateur ne rencontre pas personnellement les parties en conflit.

l'absence de relations ultérieures, la mise en relation peut avoir un effet d'apprentissage ou d'apaisement irremplaçable.

La **médiation directe** est préférable lorsque :

- la mise en présence des parties peut apporter une interaction positive (explication, créativité...) ;
- des choses doivent être échangées en direct (souffrance, excuses...) ;
- il est souhaitable que les parties recouvrent la capacité à gérer elles-mêmes leur relation future ;
- la confrontation est nécessaire pour sortir d'une impasse (pour réguler certains types de mauvaise foi) ;
- on dispose de peu de temps pour aboutir (échéance courte).

La **médiation indirecte** est préférable lorsque :

- la mise en présence des parties provoque ou risque de provoquer une interaction globalement négative (attaques personnelles ou violence difficile à contenir)
- certains aspects peuvent difficilement être abordés devant l'autre partie en l'état (perte de la face, confidentialité, temps nécessaire...)
- les parties n'auront plus à se revoir (critère complémentaire)
- l'enjeu est purement matériel (exemple : litige entre deux compagnies d'assurance *via* les représentants, entre lesquels les contacts ont toujours été indirects)
- le coût perçu d'une rencontre directe (économique, matériel, humain...) est supérieur à l'intérêt d'une rencontre
- le manque de temps (pour se rencontrer) ou les incompatibilités majeures d'emploi du temps
- le refus persistant d'une ou des parties de se rencontrer

La médiation navette peut prendre des formes variables : rendez-vous multiples sur le lieu de travail du médiateur, échanges téléphoniques, échanges de courriers (postaux ou électroniques), déplacement physique du médiateur d'un lieu à un autre... Dans tous les cas, le médiateur cherchera à accompagner les parties dans le franchissement des phases de la résolution du litige.

➤ Les entretiens séparés

Les médiateurs utilisent parfois le terme américain *caucus*[1], pour éviter les confusions avec les entretiens préalables. L'entretien séparé est un entretien ponctuel au cours d'une médiation permettant de faire le point avec chacune des parties.

Cet entretien peut avoir lieu à la demande du médiateur ou de l'une des parties lors de la perception d'un blocage ou d'une impasse du fait :

– d'intérêts ou informations cachés ou non pris en compte ;
– d'absence d'écoute réelle ;
– du non-respect des règles, principes ou de l'esprit de la médiation (menaces, violences verbales, tricheries...) ;
– d'une surévaluation (ou au contraire d'une sous-évaluation) des possibilités en dehors de la médiation (voir la *mesore* p. 50 et suivantes) ;
– d'un déséquilibre de pouvoir biaisant la médiation ;
– d'émotions ou d'un niveau d'escalade trop élevé (l'entretien permet de faire baisser la tension) ;
– de la révélation d'un élément nouveau qui nécessite de reconsidérer le tout ;
– d'inertie dans la recherche de solutions.

Le médiateur va chercher à identifier ou vérifier le point de blocage puis travailler avec chaque partie les points pertinents :

– rechercher les intérêts réels en jeu ;
– faire passer les éléments essentiels et/ou reposer les règles fondamentales de fonctionnement ;
– explorer la *mesore* (voir aussi les questions vérité p. 99) ;
– offrir un espace empathique d'apaisement ;
– réévaluer les intérêts et la *mesore* à partir d'éventuels éléments nouveaux ;
– rechercher des pistes de solutions (parfois appelées options).

1. Pour éviter tout malentendu, mieux vaut le prononcer à l'américaine (« coqusse » ou même mieux « caok-eu-sse »).

Les documents en médiation

De nombreux documents peuvent servir de support ou être le fruit de la médiation. Il se peut aussi que la médiation se fasse sans aucun document. Juridiquement, un accord verbal a autant de valeur qu'un écrit (mais l'écrit est souvent requis comme moyen de preuve). La médiation peut commencer avec la signature d'un contrat de médiation, parfois fondé sur une charte, ou l'acceptation du service proposé dans une plaquette. Elle aura parfois été précédée de courriers d'invitation ou de convocations à un entretien préalable d'information. Les parties disposent souvent d'un certain nombre de documents à l'appui de leur cas. En cas d'accord, un contrat peut être signé. Dans certains cadres (médiation judiciaire, institutionnelle ou organisationnelle...) un rapport d'activité doit être rédigé par le médiateur.

Le contrat et la charte de médiation

La médiation doit pouvoir offrir des engagements clairs et des garanties tant aux parties qu'au médiateur. De ce point de vue, et sans tomber dans un excès de formalisme, l'adhésion à une charte et la signature d'une convention de médiation me semblent recommandables. Les chartes sont multiples et sont proposées par les organismes fédérateurs ou les mouvements de médiation (un exemple de charte de médiateurs professionnels externes est proposé ci-après).

Le contrat de médiation doit principalement préciser le cadre et les conditions de la médiation. Il peut faire référence à une charte ou être plus détaillé et en reprendre les points principaux. D'une manière générale, une telle convention doit préciser : les objectifs de la médiation (ce qu'est la médiation, ce qu'elle a vocation à aborder, ce à quoi elle peut conduire[1]), la durée de la mission, les modalités de rémunération

1. Il s'agira d'une formulation en termes généraux de l'objectif final affiché par les parties, par exemple : « retrouver une bonne relation », « traiter le litige sur le contrat Y », « mieux comprendre les difficultés actuelles »... Il est bon de rappeler que le médiateur ne peut être tenu à une obligation de résultat. Il va mettre en œuvre un certain nombre de moyens (ou conditions) favorables à une explication. Les parties restent libres de les saisir ou non.

du service (montant, date), etc. Parfois, il n'y a pas de document signé mais une brochure de présentation du service qui doit de toute façon répondre aux interrogations susmentionnées.

Courriers d'invitation ou convocation

Selon le cadre, le premier contact (courrier ou téléphone en général) est une invitation ou une convocation. La médiation étant en général un processus volontaire et facultatif, l'éventuel courrier est plutôt une invitation ou proposition. L'idée de médiation obligatoire est en effet problématique et très critiquée. Il est en revanche souvent admis qu'un entretien d'information puisse être obligatoire (notamment dans un cadre judiciaire ou intra-organisationnel). Dans ce cas, il peut s'agir d'une convocation. Il est préférable alors qu'elle soit signée de la personne qui a l'autorité de « convoquer » et non du médiateur (il préserve ainsi sa posture).

Le courrier adressé doit présenter au moins un certain nombre de messages clefs : la légitimité de la prise de contact et des médiateurs (qu'est-ce qui amène le médiateur à écrire ? qui lui a demandé d'agir : une autre partie, un juge... ? qui sont les médiateurs ?), la nature de problème à traiter, le coût ou la gratuité du premier contact, l'objectif général d'une médiation... Un second courrier, en cas de non-réponse, peut indiquer les conséquences d'une absence de contact (abandon du dossier, poursuite judiciaire – si le rédacteur est un magistrat...).

L'examen de différents courriers et de leur impact conduit à proposer les conseils qui suivent quant à la forme. Le courrier doit être précis mais léger (penser à combien de temps le destinataire va accepter de passer à le lire). Il doit mettre en avant les avantages de la médiation sans être racoleur. Lorsqu'il est rédigé par un médiateur, il est important d'éviter de se mettre dans une position d'autorité sur le fond (éviter l'usage du mot convocation, éviter d'apparaître menaçant ou en position de trancher...).

Code de déontologie

Préambule

Ce code de déontologie est celui de l'association re.for.me (www.re-forme.org). Il peut être adopté par tout médiateur. En cas d'adaptation nécessaire, le bureau de l'association peut se réunir pour statuer sur une charte et effectuer des recommandations.

La médiation est l'intervention d'un tiers afin de restaurer la relation entre deux ou plusieurs individus et de faciliter la résolution constructive des différends. Le médiateur n'est ni juge, ni arbitre, ni conseiller mais favorise la compréhension mutuelle et la recherche de solutions par les parties elles-mêmes, au cours d'une ou plusieurs rencontres. L'action du médiateur privilégie le dialogue et la négociation dans le but de parvenir à un accord mutuellement satisfaisant.

Titre I – La médiation

Article 1 – Mission du médiateur

Le médiateur a pour mission d'encadrer des rencontres entre des individus en conflit afin de :

* restaurer la relation ;

* de faciliter la résolution constructive des différends.

Article 2 – Mode d'exercice et indemnités d'intervention

Les indemnités perçues par l'association ou par le médiateur ne doivent en aucun cas être liées au résultat et sont convenues au préalable.

Article 3 – Saisine et domaine d'intervention

Le médiateur doit intervenir dans les domaines pour lesquels il ou elle se sent compétent. L'entité saisie peut sur demande proposer une personne ou organisation compétente. Le médiateur doit veiller à ce que toutes les parties impliquées acceptent son intervention.

Article 10 – Obligations à l'égard des parties

Le médiateur doit :

- Informer les parties sur la médiation et sur leurs droits (consultation d'un conseil juridique, conséquences possibles de leurs accords…) ;
- S'assurer du libre consentement des parties ;
- Permettre aux parties d'aboutir ou non à un accord, dans le respect des individus et de leurs intérêts.

☞

Article 4 – Forme de la médiation

Les médiations suivront le processus suivant :

1 – Le médiateur ou l'un de ses collaborateurs sollicite un entretien préalable avec chacune des parties concernées pour offrir une écoute et pour expliquer le fonctionnement de la médiation ;

2 – Si le principe d'une médiation est accepté, il procède de la manière la mieux adaptée pour favoriser le dialogue ou un éventuel rapprochement ;

3 – Sur demande, le médiateur peut accepter de suivre le bon déroulement des engagements éventuellement pris et organiser de nouvelles rencontres.

Titre II – Devoirs du médiateur

Article 5 – Compétence

Chaque médiateur doit avoir suivi un cursus de formation à la gestion des conflits et à la médiation. Il doit disposer d'une expérience professionnelle et effectue ses premières médiations accompagné d'un médiateur expérimenté. Il aura la possibilité de se référer à un autre médiateur de l'association face à des situations difficiles.

Article 6 – Indépendance

Le médiateur doit préserver son indépendance dans le cadre de ses fonctions.

Article 7 – Impartialité et neutralité

Impartialité : le médiateur ne peut intervenir dans une médiation lorsqu'il a une relation ou une communauté d'intérêt avec l'une des parties. Il n'intervient que lorsqu'il se sait libre de préjugés.

Neutralité : le médiateur ne doit pas prendre partie ni exprimer ses opinions.

S'il estime être dans une situation où il ne peut rester dans ce cadre, il doit appliquer la clause de conscience (Article 9)

Article 8 – Confidentialité

Le médiateur s'engage à respecter la confidentialité de l'ensemble des éléments qu'il a été amené à connaître au cours de la médiation.

Le médiateur devra informer les parties des limites de la confidentialité (rapport à un tiers, cas où la confidentialité ne s'applique pas...)

Article 9 – Incompatibilités, clause de conscience

Le médiateur ne doit pas exercer de fonction ou d'activités incompatibles avec les règles de ce code, pour les dossiers qu'il a à traiter.

S'il s'estime incompétent pour un dossier ou inapte à réaliser sa mission dans de bonnes conditions, le médiateur doit interrompre la médiation, de manière temporaire ou définitive. Il peut proposer un autre médiateur s'il pense que cela est de nature à régler la difficulté rencontrée.

EXEMPLE

Lettre d'invitation à une médiation judiciaire dans un cadre commercial

Monsieur,

Vous êtes actuellement confronté à un désaccord avec la société Achat de Noël porté devant le Tribunal de Commerce de Bétonville.

Nous nous proposons de mettre en œuvre le processus de médiation judiciaire décidé avec votre accord le 12 mars 1998 par Ordonnance de Madame Dupuis, Juge au Tribunal de Commerce de Bétonville et dont nous venons d'avoir connaissance.

Le médiateur, tiers indépendant, neutre et impartial, sera chargé de vous rencontrer, ainsi que l'autre partie, afin de permettre un dialogue, une compréhension mutuelle des problèmes à l'origine du conflit et d'imaginer avec vous des solutions susceptibles de satisfaire chacun.

Afin de mettre en œuvre le processus de médiation dans les plus brefs délais, vous voudrez bien nous adresser un exemplaire de la convention ci-jointe complétée et signée ainsi que la fiche d'évaluation du litige.

Dès réception de ces dernières, un premier entretien de médiation sera fixé selon votre convenance avec Monsieur Paul Vermittler, qui a été désigné en tant que médiateur.

Vous trouverez ci-joint également pour information :

– la Charte du Centre de Médiation,

– la plaquette du Centre.

Je vous prie d'agréer, Monsieur, l'assurance de mes sincères salutations.

Les documents des parties

Les parties souhaitent souvent montrer au médiateur un certain nombre de documents (jugements, attestations, relevés, expertises…). Elles souhaitent aussi parfois les amener en médiation. Le médiateur peut être confronté à des personnes ayant constitué des dossiers de plusieurs dizaines de centimètres… de quoi se noyer ! Il est en général préférable de ne pas les consulter car cela entretient la confusion entre l'arbitrage et la médiation. Il est possible à cette occasion de préciser son rôle (« Je ne veux pas consulter votre dossier car je n'ai pas à en juger. Vous pourrez décider avec M. Mme X de vous appuyer sur certains documents qui pourront alors être utiles. Gardez les près de vous. »). Certains documents seront des pièces maîtresses dans l'issue du problème (par exemple une évaluation de dégâts pour fonder une indemnisation). Il doit s'agir de l'aboutissement et du prolongement des discussions (« Je veux bien vous indemniser sur la base d'une évaluation d'un garagiste agréé ») et non pas d'un mécanisme pour (con)vaincre. Il est généralement préférable que les documents soient commandités ou recherchés communément plutôt que préexistants et donc suspects (voir le critère objectif p. 49).

➤ L'accord

L'accord de médiation doit reprendre de la manière la plus fidèle possible, et préciser, les différents engagements issus de la phase IV (voir p. 92). Les parties peuvent souhaiter cosigner un préambule reprenant certains acquis (excuses, reconnaissance...) ou même la perception commune de la situation. Il peut parfois être souhaitable que des juristes assurent la mise en forme des engagements en des termes juridiques. Ce n'est en principe pas au médiateur de le faire (même s'il en a la compétence). Toute implication du médiateur (par exemple sur des enjeux juridiques) peut le faire sortir de sa neutralité et de l'impartialité perçue (par exemple s'il pointe un aspect juridique avantageant l'un plutôt que l'autre). Il peut certes être amené à rédiger pour les parties, mais il le fait alors en des termes simples reflétant au fur et à mesure les engagements pris. Les clauses doivent être comprises par tous et proches du niveau d'expression des parties (c'est ce qui le différencie du conseiller juridique et dans une certaine mesure de l'écrivain public).

En l'absence de conseillers juridiques à l'appui des parties, il est préférable d'éviter les termes juridiques. Ils risquent d'être mal maîtrisés. De plus, un juge pourra plus librement apprécier l'intention des parties si la rédaction évite les termes juridiques (qui ont le mérite – s'ils sont utilisés précisément – et l'inconvénient – dans le cas contraire – de limiter le pouvoir d'appréciation du juge en cas de complications ultérieures). La précision et l'explicitation des intentions sont souvent souhaitables. Même si le médiateur n'a pas particulièrement à être un juriste (mais il peut aussi l'être), il est bon qu'il ait quelques notions en rapport avec son domaine d'action. Certains types d'accords sont illégaux ou juridiquement instables et peuvent même engager la responsabilité du médiateur. À titre d'exemple, trop peu de médiateurs sont informés des notions de droit de subrogation, de vices du consentement, de validité d'un engagement et des limites définies par le droit. En cas de doute, le médiateur ne doit pas hésiter à encourager les parties à consulter un spécialiste, voire lui-même prendre quelques informations (non pas pour les restituer mais être plus précis dans les motifs de l'orientation qu'il propose). Encore une fois, la signature d'un accord mal ficelé, injuste, instable ou illégal, bien que positif dans les statistiques, ne saurait être satisfaisante.

➤ Le rapport de médiation

Lorsqu'il y a un mandant non impliqué (juge, procureur, mais aussi collectivité territoriale, conseil d'administration...), le médiateur doit rendre compte de son travail. Ce mandant est même parfois celui qui le rémunère (médiation pénale ou médiation interne à une entreprise, par exemple). Le rapport doit à la fois satisfaire le mandant (montrer l'effectivité des services rendus), il s'agit d'une question de pérennité du recours à la médiation, et préserver les principes fondamentaux de la médiation (en particulier la confidentialité et la neutralité). Bien entendu, lorsque le médiateur ou le service de médiation dispose d'une grande indépendance et externalité, il est possible de refuser de rendre compte. Cela est cependant souvent inenvisageable. Il convient de souligner aussi la part de légitimité de la demande du mandant. En orientant vers la médiation (voire en la rémunérant), il engage sa crédibilité. L'effectivité, le sérieux et l'implication dans la médiation doivent pouvoir être suivies, comme pour toute prestation externe. Mais le mandant peut aussi avoir des attentes incompatibles avec la médiation. En cas d'échec de la médiation, il peut souhaiter savoir qui est responsable de cet échec, ou bien qui est le plus de bonne foi ou encore ce qui s'est passé exactement. Cette attente est compréhensible, mais demander au médiateur de se positionner à ce niveau c'est lui demander de se trahir. Il lui faudrait pouvoir rendre un avis (rupture de neutralité) et divulguer des éléments nouveaux (rupture de confidentialité).

Pour dépasser ce dilemme, il faut (comme en médiation) sortir des positions binaires (accepter/refuser de rédiger un rapport) pour essayer d'intégrer la demande légitime du mandant tout en préservant l'essence de la médiation. Il y a pour cela plusieurs pistes.

- Informer les parties de l'existence de ce rapport et de ce que vous êtes susceptible d'y mettre. Cela peut limiter la dynamique de médiation (rétention d'informations) mais il n'y a aucune trahison.

- Se contenter d'un rapport factuel sur le processus (nombre de séances, durée, résultat...) en joignant le cas échéant l'accord (cela peut être annoncé en préalable et permet dans certains cas de lui donner l'autorité de la chose jugée).
- Rédiger un rapport annuel plutôt qu'un rapport pour chaque cas. Cela permet d'être précis sans avoir à nommer les situations. Des récurrences peuvent être identifiées et ainsi la médiation n'étouffe pas les problèmes à un niveau local mais permet une remontée d'informations en vue d'améliorations.
- Associer les parties à la rédaction de ce document qui est un constat de la situation à la fin du processus (accord, échec, absence d'accord avec un certain nombre d'acquis...). Outre le fait de préserver le médiateur (alors totalement transparent) cela a une vertu pédagogique (bilan sur la situation). De plus, chaque médiation se termine alors en général (au moins) par un accord sur le constat (quel qu'il soit).

Et pour le manager médiateur...

Dans le cadre de la médiation informelle du manager médiateur, il y a moins de documents. Il peut cependant être utile de repenser certains documents courants des relations du travail. La convocation à une réunion de travail peut être différente lorsqu'on souhaite en faire un espace de médiation. La notion d'accord est légèrement différente et peut prendre la forme de comptes rendus de séances. Ils pourront être signés, non pas pour une éventuelle valeur juridique, mais simplement pour attester du consentement et de la prise de connaissance de chacun. Il convient aussi d'examiner avec soin que chaque document issu du processus de médiation n'en contredise pas les principes affichés (par exemple la confidentialité, si tel est le cas). Enfin, le rapport d'intervention, s'il a lieu, sera le plus souvent informel. Là encore, la transparence initiale est essentielle quant à l'authenticité du processus et la crédibilité des futures interventions.

CHAPITRE 4

Limites et perspectives de la médiation

Des difficultés et obstacles au travail du médiateur

Des résistances à la médiation

Le médiateur peut être confronté à l'obstacle des résistances des parties. D'où viennent ces résistances ? Pour tenter d'y répondre et mieux les comprendre, il peut être intéressant de renverser la question : pourquoi accepter d'aller en médiation ?

D'une manière générale, les parties acceptent la médiation :

- soit parce qu'elles y voient un intérêt spécifique à un niveau matériel (obtenir quelque chose) ou relationnel, psychologique, moral, éthique…
- soit parce que le processus proposé est meilleur (ou moins mauvais) que ce qui s'offre à elles par ailleurs c'est-à-dire leur *mesore*[1] (tribunal, classement sans suite, continuation du trouble…)

1. Voir la *mesore* p. 50 et suivantes.

Il y a rarement adhésion inconditionnelle (en tout cas au niveau initial) à l'idée « généreuse » de la médiation. Les médiateurs utilisent trop souvent deux leviers pour entraîner les parties dans leur processus : valoriser les avantages de la médiation ou mettre en avant les risques de la non-médiation (*mesore*). Le risque est que le médiateur se transforme en « marchand de tapis » et perde au passage sa neutralité (objective et subjective).

Deux idées peuvent permettre d'échapper à ce risque :

- la médiation n'est pas la meilleure solution à tous les problèmes ; il est parfois bon de la refuser ;
- le médiateur peut chercher à aider les parties à évaluer la perspective de médiation à partir de *leurs* intérêts et de leur alternative (la *mesore*) ; il peut s'agir de les aider à percevoir des intérêts qui leur échappent ou à réévaluer leur alternative. Cela ne saurait être du « bonheur de force ».

Il faut se méfier de la négation (souvent inconsciente) par le médiateur des préoccupations des parties (« Mais non, ne vous inquiétez pas… »). C'est à ce moment, face à quelqu'un qui se positionne en tension avec le médiateur, que plus que jamais l'empathie juste est nécessaire (voir p. 27, 41). Dans le cas contraire, le médiateur y perd souvent de sa crédibilité.

Pour pouvoir prendre en compte il faut cependant pouvoir se détacher de certains *a priori* (la médiation c'est bien pour vous !) et craintes (le refus de la médiation). Il s'agit de deux freins importants à une écoute authentique. Il faut accepter de prendre en compte la préoccupation sans savoir si on va pouvoir y trouver une solution. Parfois, les parties acceptent aussi la médiation pour de mauvaises raisons (malentendu sur ce que c'est, utilisation manipulatrice de la médiation…). Le médiateur peut avoir « peur » de dire que la médiation c'est ceci et pas cela, car les parties pourraient alors se désengager. Pourtant, ces cas sont le plus souvent stériles et le médiateur se retrouvera alors bloqué en cours de processus par le malentendu ou l'utilisation inadaptée de la médiation.

Identifier les résistances et attentes spécifiques peut ensuite aider à mieux répondre à la situation. Les tableaux suivants ont pour but de servir de « check-list » lorsqu'on se sent bloqué par le refus ou l'inertie d'une partie et qu'elle ne verbalise pas de manière précise ce qui est bloquant.

Un schéma d'intervention peut être le suivant :

- Identifier la (les) résistance(s) ou attentes bloquantes (en s'appuyant éventuellement sur la check-list)
- Valider/Reconnaître (reformuler) les points identifiés (de manière directe ou indirecte)
- Prendre en compte les points en proposant éventuellement des aménagements (garanties) ou des explications (mais pas un argumentaire pour leur dire que leur problème n'est pas un problème)

Remarque

Les points listés ne sont pas exhaustifs et peuvent être complétés (ils sont fondés principalement sur mes recherches dans les domaines de la médiation en entreprise et de la médiation judiciaire). Dans les tableaux, pour chaque case nous pourrions ajouter la phrase suivante : « **Reconnaître l'inadéquation de la médiation et/ou réorienter** ». Il ne s'agit pas d'un échec mais d'une démarche lucide et responsable. L'orientation vers autre chose fait pleinement partie d'une démarche de médiation mais reste insuffisamment développée. Les pistes sont nombreuses (arbitrage hiérarchique, aide aux victimes, à la réinsertion, aide sociale, psychologique, conseil juridique, expertise, coaching…) et souvent disponibles simultanément dans certains lieux (maisons du droit, centres sociaux…) ou même au sein de l'organisation (psychologue du travail, assistante sociale, médecin du travail…).

➤ Attentes bloquantes

Nature	Exemples – Précisions	Pistes de sortie possibles
Désir de profiter d'un comportement agressif	1. plaignant qui cherche à s'enrichir en profitant d'un contexte favorable ou de la peur de l'autre 2. mis en cause cherchant à récolter, par la médiation, les fruits de son action (menace, chantage, violence…)	– Rechercher derrière le comportement agressif inacceptable d'éventuelles préoccupations légitimes concernant les deux parties

☞

Désir de sanctionner, punir, éduquer (de manière substantielle, symbolique ou morale)		– Rechercher et travailler la souffrance induisant le désir de vengeance – Recadrer en demande acceptable (ex. : que ce qui s'est passé ne puisse plus se reproduire)
Utilisation ou détournement de la médiation de manière personnelle ou stratégique	1. récolter des informations ou démontrer sa bonne volonté en vue d'une procédure judiciaire 2. gagner du temps 3. rechercher dans la rencontre un espace de pression, défoulement sur l'autre…	– Rechercher ce que la stratégie vise à satisfaire et tenter, si possible, d'inclure ces préoccupations dans la médiation
Accéder à l'influence de tierces personnes (avocat, famille, patron…)	1. personne qui porte plainte uniquement car l'assurance l'exige pour le remboursement 2. personne qui suit les instructions d'une tierce partie absente (avocat, collègue…)	– Inclure les tierces parties d'une manière ou d'une autre, avec l'accord de chacun – Favoriser l'autonomisation et l'affirmation de l'individu (*empowerment*)

➤ Résistances

Nature	Exemples – Précisions	Pistes de sortie possibles
Négation des faits allégués		– Reconnaissance d'un problème concernant les deux parties et n'impliquant pas nécessairement la même vision des faits

☞

Nature	Exemples – Précisions	Pistes de sortie possibles
Désir d'éviter d'être à nouveau confronté à cette histoire	1. la médiation réactive le souvenir d'un moment douloureux 2. la page est tournée ou le problème est vécu comme étant réglé 3. sentiment que l'enjeu ne vaut pas le temps à y passer 4. sentiment de devoir encore perdre du temps alors qu'on se sent victime	– Bien identifier tous les enjeux (pas seulement matériels mais aussi affectifs) – Accueillir la frustration de la personne qui se sent victime et doit encore fournir des efforts – Aider les parties à vérifier si le problème est véritablement réglé (que va-t-il se passer maintenant ?)
Plaisir ou identification dans le conflit	1. le conflit vécu comme un jeu 2. le conflit vécu comme une manière d'exister socialement	– Rechercher d'autres manières de jouer, mutuellement acceptables – Rechercher d'autres manières d'exister socialement
Enfermement dans la logique de l'escalade ou de la prise de positions	1. « Elle ne perd rien pour attendre, elle en bavera plus que moi » 2. « Il me paie 8 000 € sinon… »	– Aider les parties à simuler l'évolution des choses – Valoriser les préoccupations sous-jacentes
Rejet de l'image de soi renvoyée par le conflit ou la médiation	1. refus d'être le « mauvais » ou d'être « victime » 2. sentiment de honte 3. perception de la médiation comme aveu d'un échec, d'une faiblesse ou d'une faute	– Veiller à sa propre impartialité et l'affirmer (pas « victime » contre « agresseur ») – Ménager une voie de sortie préservant la face (« responsable mais pas coupable » !)
Négation de l'autre partie ou de son vécu	1. refus d'entendre la « misère » de l'autre alors qu'on est noyé dans la sienne 2. rejet de l'autre partie comme interlocuteur « acceptable » : problème de racisme, confiance, respectabilité…	– Offrir une écoute inconditionnelle préalable qui pourra peut-être apaiser chacune des parties et permettre une rencontre – Envisager et proposer d'autres formes de médiation (indirecte, par écrit, par téléphone…)

☞

Nature	Exemples – Précisions	Pistes de sortie possibles
		et des garanties (suivi, intermédiaire de confiance…) – Distinguer (si possible) le racisme « ordinaire » (à travailler) et le racisme « idéologique » (réorienter)
Conflit intra-individuel ou impossibilité de prendre une décision, de manière temporaire ou définitive	1. tension entre des préoccupations vécues comme contradictoires (ex. : régler le problème au plus vite OU aller jusqu'au bout ?) 2. refus d'envisager de parler des questions liées au droit de garde des enfants du fait du refus de la séparation 3. décision judiciaire en attente 4. blessure non consolidée ou dommage non expertisable en l'état	– Prendre en compte l'incertitude dans le processus de médiation et l'accord éventuel (si… alors… si…) – Séparer les enjeux et traiter ceux que l'on peut traiter – Reporter tout ou partie de la médiation – Essayer de valoriser le « et » à la place du « ou » en s'appuyant sur le sous-jacent – Apporter une aide dans la recherche de critères pour trancher
Peur de l'autre partie ou de la rencontre en médiation	1. peur d'être violenté ou menacé au cours de la médiation 2. peur d'être violenté ou menacé avant ou après la médiation	– Identifier, reconnaître les craintes et si possible offrir des garanties (table de protection, sorties alternées…)
Doutes ou refus d'un règlement amiable ou négocié		– Banaliser le fait ne pas voir d'issue à ce stade et illustrer par des exemples d'accord ayant permis dans des situations similaires de s'en sortir – Explorer et évaluer avec la partie la voie qu'elle privilégie
Désir de passer par la justice	1. perception idéaliste d'une justice gratuite, rapide et peu impliquante 2. attachement (souvent) inconscient à la fonction quasi sacrée de la justice	– Explorer avec la personne les raisons de sa préférence et l'aider à en évaluer les conséquences probables – Rechercher des substituts acceptables ☞

Nature	Exemples – Précisions	Pistes de sortie possibles
Négation des institutions en général	1. idéologie (syndicalisme de rupture, ultralibéralisme…) 2. situation marginale	– Se présenter comme personne
Crainte d'une utilisation stratégique de la médiation par l'autre partie	1. pour faire perdre du temps 2. pour récupérer des informations	– Rechercher l'existence d'un risque réel (par exemple la prescription) et définir des garde-fous – S'engager à interrompre la médiation en cas de manœuvre dilatoire ou manipulatoire
Influence d'un tiers (avocat, famille, compagnie d'assurance, patron…)		– Associer d'une manière ou d'une autre cette tierce personne
Perception du conflit à un niveau plus large	1. cas vécu comme révélateur d'un problème global (ex. : le manque de respect vis-à-vis du personnel d'entretien) 2. besoin d'une jurisprudence	– Essayer de prendre en compte le conflit plus global, en incluant si nécessaire d'autres parties ou la dimension collective (par exemple, les parties décident que le résultat de la médiation entre un joueur de football et un arbitre qui a été violenté, sera publié dans un magazine lu par les joueurs)
Désir de garder le conflit dans un cercle privé	1. besoin d'un médiateur s'inscrivant dans sa culture 2. confidentialité particulière 3. crainte du « qu'en dira-t-on ? »	– Rechercher voire travailler avec un médiateur « naturel » – Aider la personne à hiérarchiser le caractère privatif et le problème à régler – Réaffirmer la confidentialité de la Médiation – Prendre en compte l'impact sur le cercle privé dans le travail de médiation

☞

Nature	Exemples – Précisions	Pistes de sortie possibles
Crainte vis-à-vis du pouvoir du médiateur	1) peur de perdre le contrôle ou son autorité 2. désir de conserver un certain rapport de force	– Trouver si possible un équilibre entre inclure le rapport de force dans la médiation (mais ne pas faire de la médiation un espace de légalisation de la domination) et neutraliser le rapport de force (mais ne pas donner intérêt à la partie dominante d'exercer son pouvoir dans un espace qui lui est plus favorable) – Réaffirmer l'absence de pouvoir de décision et la neutralité du médiateur

L'impact de la personnalité : les types fonctionnels

Lors de discussions animées, il est fréquent d'entendre dire : « il faut me prendre comme je suis », ou bien « tu ne t'y prends pas comme il faut », « tu es difficile à vivre », « tu ne me comprends pas »… Tout cela reflète souvent des différences de personnalité dont la méconnaissance persistante est source de nombreux conflits.

Il existe de nombreuses typologies de profils de personnalité et certaines sont très anciennes. Beaucoup de ces typologies ont l'inconvénient majeur de porter implicitement ou explicitement une hiérarchie des types (il y aurait des profils meilleurs que d'autres !) et d'être établies d'une manière peu rigoureuse.

Une typologie issue des travaux de Carl Jung[1], puis reprise et validée statistiquement par Myers-Briggs (ce qui a donné le MBTI : *Myers-Briggs Test Indicator*)[2], est brièvement présentée ci-dessous.

1. Jung C., *Types psychologiques*, Buchet-Chastel, Paris, 1950 (1920).
2. Une grande partie de la littérature sur le sujet est en anglais. En français, il est possible de lire l'ouvrage de Cauvin P. et Cailloux G., *Les types de personnalité*, ESF, Paris, 2000.

D'autres typologies sont très proches mais celle-ci est la plus rigoureuse[1]. Outre la description ci-dessous, nous approfondirons cette typologie en l'intégrant aux phases de la médiation.

➤ Les types

Dans la présentation de Jung, les types sont composés de trois paires d'inclinations : introversion/extraversion, sentiment/pensée, sensation/intuition. Pour des raisons pédagogiques, j'ai baptisé autrement les deux dernières paires de polarités : relationnel (sentiment), analytique (pensée), directif (sensation) et créatif (intuition). La présentation débute par les notions d'introversion et d'extraversion qui sont très, et, mal répandues. Jung en est le créateur (ce qui est peu connu).

• *Introversion et extraversion*

La diffusion d'un concept dans le vocabulaire courant conduit malheureusement souvent à des distorsions très regrettables, comme c'est le cas pour l'introversion et l'extraversion. Couramment, l'introversion est utilisée pour désigner quelqu'un de timide ou replié et représente une caractéristique essentiellement négative. L'extraversion est associée à la notion d'éveil, d'ouverture et désigne le plus souvent une caractéristique positive[2]. Aucune de ces inclinations n'est pourtant préférable lorsqu'elle est correctement comprise.

Jung les définit en rapport à la libido. Il s'agit bien entendu d'une libido désignant l'énergie vitale de l'individu dans sa globalité et non pas simplement l'énergie sexuelle (dans une acception freudienne). La libido de l'introverti est plutôt orientée vers l'intérieur et celle de l'extraverti est plutôt orientée vers l'extérieur. Chacun est à la fois introverti et extraverti (et cela est vrai de chacune des polarités) mais nous avons en général une certaine inclination (plus ou moins marquée).

1. Il y a par exemple les types de Herrmann, inspirés de quelques recherches sur le cerveau (avec malheureusement des biais dévalorisants sur certains types), des systèmes de couleur… Des rapprochements sont possibles avec beaucoup d'autres typologies même lorsqu'elles sont décomposées différemment.
2. Il y a en fait là une dimension culturelle et cela varie d'un pays à un autre (par exemple très grande valorisation de l'extraversion aux États-Unis et forte valorisation de l'introversion en Suisse Alémanique).

Il est important de distinguer ces notions d'autres traits mentionnés plus haut. Aussi, un extraverti peut tout à fait être timide ou même replié. Il risque cependant d'en souffrir plus que l'introverti. De même un introverti peut être très à l'aise socialement, bon orateur, etc., mais il aura, plus que l'extraverti, besoin de temps en solitaire ou auprès d'un environnement intime protégé[1]. L'extraverti se ressource principalement dans la relation à l'autre (ou à l'extérieur) tandis que l'introverti se ressource dans son monde intérieur.

Exemple d'un couple rencontré en médiation

> Annie, très extravertie, ne travaille pas et ne connaît pas beaucoup de personnes dans la ville où elle a rejoint son mari. Le bébé rend difficile une nouvelle vie sociale. Pierre, très introverti, exerce un métier de contact avec une large fonction commerciale. Pierre, lorsqu'il rentre le soir, cherche à éviter tout nouveau contact (au moins pendant un temps), tandis qu'Annie attend depuis des heures le retour de quelqu'un à qui parler. Pierre a le sentiment que sa femme ne le laisse pas respirer. Elle le trouve excessivement fermé, mal aimable et imprévisible. Parfois, Pierre n'en peut plus et disparaît quelques jours chez ses parents. Un jour, elle le retient (elle ne sait pas que, pour lui, la fuite est comme le besoin de respirer pour quelqu'un dont on a appuyé la tête sous l'eau – il ne sait pas que, pour elle, son comportement est comme une négation et donne envie de le secouer en disant : j'existe !). La relation devient violente ce jour-là.

Les implications de l'introversion ou de l'extraversion dans les relations du travail sont multiples. Cela concerne le choix du métier, mais aussi le fait de s'y sentir bien. Quelqu'un d'introverti, par exemple, peut être un excellent commercial mais il aura besoin de temps de rééquilibrage. Il sera plus à l'aise sur des relations s'inscrivant dans la durée et risque de ne pas tenir longtemps sur du porte-à-porte ou du phoning. Par ailleurs, dans les relations courantes du travail, on peut deviner des effets sur le type de bureau préféré (individuel ou *open space*), la manière d'avancer les tâches (principalement en équipe ou bien en équipe pour faire le point et coordonner)… Il n'y a bien sûr aucune relation mécanique ou systématique en la matière et d'autres influences et facteurs de décision existent.

1. Jung, lui-même introverti mais très sollicité socialement, passait de longues périodes, souvent seul, dans une tour au bord d'un lac pour retrouver son équilibre et écrire.

Les types fonctionnels

Avant toute chose, il est important de dire que ces types ne décrivent pas des qualités, mais des modes de fonctionnement privilégiés. Chaque individu est porteur des quatre tendances. Ce qui différencie les uns des autres est la présence d'un type de fonctionnement dominant et d'un type auxiliaire, les autres étant significativement moindres. Il est possible de les présenter autour de deux axes. Un premier axe indique le rythme qui sera lent et mûri d'un côté, rapide et spontané de l'autre. Un second axe indique une inclination vers les personnes ou vers les choses. Encore une fois, il s'agit de types fonctionnels et l'inclination vers les choses, par exemple, n'indique pas un rejet des personnes ou l'absence de sentiments.

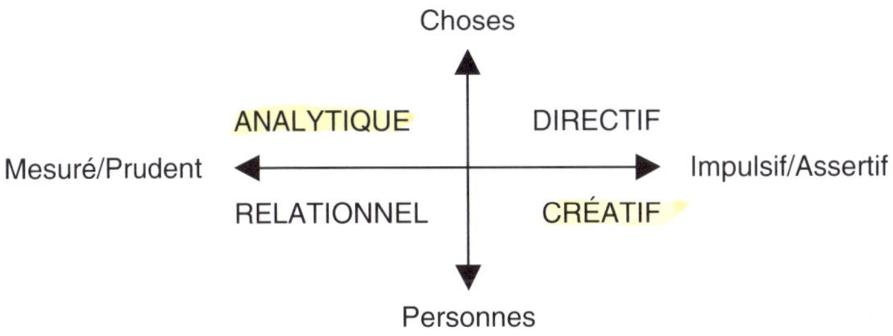

Figure 4.1

Un exemple permettra de saisir les principales caractéristiques avant de les systématiser dans un tableau.

APPLICATION

Une petite histoire familiale : l'arrivée de l'appareil multimédia

Imaginons une famille de quatre personnes, où les quatre types décrits ci-dessus sont représentés de manière exclusive (voire caricaturale). Supposons qu'à l'approche de Noël, la famille se soit offerte comme cadeau collectif un magnifique combiné intégré multimédia avec les fonctions TV, HI-FI, Internet, informatique… avec un abonnement à de multiples chaînes et services. À quelques jours de Noël, tout le monde attend le livreur.

1er scénario. – Le livreur arrive à l'improviste

Il sonne à la porte. Les quatre membres de la famille se précipitent à la porte et réagissent en deux groupes en découvrant le livreur. Le groupe composé de l'analytique et du relationnel prend du recul et s'inquiète de cette intrusion soudaine et imprévue. Le groupe composé du directif et du créatif se précipite sur les cartons déposés par le livreur qui sont immédiatement éventrés (avec volée de polystyrène et confettis : mouvement d'horreur du 1er groupe). Les sachets plastiques d'emballages sont déchirés, les cartons sont « ruinés », la poussière vole… Le prolongement de l'instant d'horreur pour le premier groupe peut se prolonger par diverses réactions contre les agresseurs ou pour essayer de sauver ce qui peut l'être. L'aspirateur redonne à la moquette une allure présentable. Une petite boîte accueille les composants éparpillés. De l'autre côté, les appareils sont promptement sortis et connectés là ou c'est possible. Après l'allumage, nous assistons au début d'une première utilisation avec zapping d'un CD, exploration des chaînes du câble… Jusque-là, les groupes sont homogènes…

Pourtant, très vite, le directif finit par trouver quelque chose qui lui plaît (un match de foot, une chanson…) tandis que le créatif souhaite continuer à explorer et zapper. Le groupe se fissure.

2e scénario. – L'arrivée du livreur a été anticipée

Deux jours plus tôt, un document est arrivé annonçant le jour et l'heure de livraison. Il s'agit, du point de vue du 1er groupe, d'une précaution sage qui leur permet d'organiser l'absence du second groupe d'individus (fort de l'expérience de situations du type du 1er scénario). Avant l'arrivée du livreur, l'espace est préparé : des meubles sont déplacés et l'on se munit de chiffons, de protections, d'outils… Le livreur sonne. Les cartons sont alors réceptionnés et l'on prend la précaution de vérifier que la livraison est conforme au bon (un colis pourrait manquer). Plus tard, lorsqu'on procède à l'ouverture, un petit couteau suisse permettra de couper les bandes adhésives sans endommager les cartons qui pourront être ensuite pliés proprement. Les sacs et attaches seront conservées afin de pouvoir rendre le produit dans son emballage et à l'identique en cas de défectuosité… Une balayette suit chaque mouvement générateur de poussières…

Puis vient le moment de choisir le lieu et la manière de disposer l'ensemble. Chacun a certes déjà réfléchi à la question mais la présence effective de l'objet oblige maintenant à trancher. Or c'est là justement que les deux membres de la famille ne sont plus d'accord. Le relationnel privilégie le petit coin à gauche où l'ensemble s'harmonisera au mieux avec le reste de la décoration. L'analytique insiste sur le mur à droite qui dispose de tous les branchements et préserve des contre-jours.

Tableau 4.1 – Les quatre grands types de personnalité

Type	L'analytique	Le directif	Le créatif	Le relationnel
Mots clés	Processus, logique	Efficacité, action, décision, pragmatisme	Projet, idées, rêves, ludique, imagination	Communication, relation, valeurs
Orienté vers	Tâche/processus Stabilité	Tâche/résultat Changement	Relation/interaction Changement	Relation/ communication Stabilité
Rythme favori	Lent/systématique	Rapide/décidé	Rapide/spontané	Lent/détendu
Besoin :	Être précis, avoir raison	Contrôler la situation	Être apprécié, se distraire	Être reconnu/aimé
Qualités fréquentes	Précision, méthode, organisation	Confiance en soi, efficacité, dynamisme, « meneur d'hommes »	Créatif, amusant, charismatique, optimiste, persuasif	Coopératif, patient, agréable
Défauts possibles	Peut être têtu, fermé, ennuyeux, trop sérieux, se focaliser sur ce qui ne marche pas et être obsédé par les détails	Peut devenir dictatorial, coléreux (si on ne fonctionne pas comme il le souhaite), intimidant ou cassant	Peut être excessivement changeant, instable, superficiel, irréaliste, narcissique ou susceptible	Peut devenir indécis (perte de temps), soumis malheureux, se victimiser, voire s'épuiser dans la relation à l'autre et devenir ensuite désagréable

Tableau 4.1 – Les quatre grands types de personnalité (*suite*)

Type :	L'analytique	Le directif	Le créatif	Le relationnel
Qualité comme médiateur ou négociateur	Approche méthodique des problèmes, vérification de la faisabilité d'un accord	Prise de décision, création d'impulsion	Imagination de pistes de solutions	Écoute, empathie
Rapport au conflit	Le conflit est vécu comme un dysfonctionnement (et peut à ce titre être irritant) et les émotions sont perçues comme perturbatrices.	Le directif est à l'aise dans les situations de tension vécues comme une joute, un combat, une partie d'échec et peut être surpris du comportement des autres qui le vivent autrement.	Le créatif aime souvent le jeu et la provocation. Le conflit est alors un peu comme un théâtre de la vie. Être démasqué ou non apprécié peut créer une forte irritation.	Déteste la tension. La soumission ou l'évitement sont préférés car ils préservent l'harmonie. Peut exploser soudainement, lorsque la « barque est pleine », sans que l'entourage ne comprenne.
Mécanisme de la preuve, Comment le convaincre ?	Ce qui est intellectuellement logique	Ce que l'on peut constater (toucher)	Ce qui est innovant	Ce qui est respectueux des valeurs et des personnes

➤ Les tensions entre types

Selon une première approche, les types les plus distants (ceux situés en diagonales l'un par rapport à l'autre, c'est-à-dire : analytique/créatif et relationnel/directif) sont les plus explosifs. Cela est vrai dans la mesure où il y a un double niveau de tension : orientation vers les choses ou vers les personnes et rythme rapide/assertif[1] ou mesuré/prudent. Cependant, la différence est tellement visible qu'elle peut aussi stimuler des arrangements (explicites ou implicites) assez rapidement dans la relation, gage d'un équilibre dans la durée. Les complémentarités, une fois reconnues peuvent permettre une collaboration fructueuse.

Les tensions horizontales ou verticales peuvent être plus pernicieuses. Il y a une similarité apparente qui peut conduire à maintenir l'illusion d'un fonctionnement identique ou naturellement compatible. L'exemple donné plus haut de la famille confrontée à l'arrivée d'un nouvel objet illustre la scission possible au niveau vertical. Nous aurions pu prendre un exemple horizontal. Sur le choix des vacances, par exemple, l'analytique et le directif peuvent se retrouver dans un premier temps sur des critères de décision objectaux (centrés sur les objets) et objectifs (le prix, la surface, la distance de la mer...) tandis que le relationnel et le créatif pourraient ensemble privilégier des éléments plus subjectifs (l'originalité du lieu gage de bons souvenirs, la présence d'un jardin permettant le calme et l'improvisation de grillades, leur feeling sur le lieu...). Cette « coalition » peut voler en éclat à tout moment, par exemple s'il faut se décider dans la journée car une autre famille s'est montrée intéressée.

Dans les relations de travail, il y a souvent malentendu entre les directifs extravertis et les relationnels (introvertis ou extravertis). Le « relationnel » va se retrouver à l'aise dans l'extraversion du « directif extraverti » (et vice-versa) à travers les temps de sociabilité (« comment s'est passé le week-end ? »). Lors du retour sur les tâches à exécuter, le « directif extraverti » peut exprimer davantage son mode directif (« ce dossier ça va vraiment pas » avec l'expression de toute sa déception) ce qui peut être très mal vécu par quelqu'un de relationnel (qui va vivre ce propos à un niveau personnel).

1. L'assertivité désigne l'affirmation de soi.

Enfin, la ressemblance n'est souvent pas le gage d'une bonne entente (contrairement à l'adage « qui se ressemble s'assemble ») car elle peut tourner à la rivalité. De plus, il est facile d'être agacé en retrouvant chez les autres nos propres travers. D'une certaine manière, la ressemblance de l'autre interdit d'être complètement soi-même car l'équilibre ne se trouve plus par la complémentarité et l'un des deux (ou les deux) doit assurer les fonctions complémentaires. Il est fréquent que dans les faits, l'un adopte alors le fonctionnement de son type auxiliaire (celui qui vient en second). Dans la durée, cela peut être frustrant car une partie de soi ne s'exprime pas. Dans le cas de relations hiérarchiques indiscutables, cela peut cependant bien fonctionner et créer une connivence.

Enfin, il ne faut pas négliger le conflit intra-individuel puisque l'individu porte en lui tous les types avec des dominantes. Quelqu'un de relationnel introverti peut à certains moments être tiraillés entre le besoin d'assurance d'une harmonie avec l'environnement (les autres) qui l'amène à socialiser et le besoin de retrait.

- *Les types de personnalité et les phases de la médiation*

Nous venons de voir que la compréhension des types psychologiques pouvait aider les médiateurs à mieux débusquer les différences et les malentendus. Or, en médiation, le médiateur vient s'ajouter aux personnes en conflit. Et il a lui même des modes fonctionnels qui lui sont propres. Ne pas en être conscient, c'est prendre le risque de faire violence aux parties. C'est prendre le risque de perdre sa neutralité et son impartialité (réelle ou perçue) par une connivence naturelle avec l'un plutôt que l'autre. Cela participe à un point encore trop négligé en médiation. Être conscient de soi-même c'est pouvoir à certains moments se rendre invisible ou se retirer. C'est aussi l'une des exigences de la neutralité dans son acception profonde : éviter les projections (inconscientes), éviter de formater le projet des parties (à partir de l'idée que l'on se fait de la manière – évidente – de procéder…). Bien que cet aspect ait été peu étudié, une recherche menée sur 103 médiateurs de Floride a montré que le profil psychologique des médiateurs (sur la base d'une typologie similaire à celle que nous avons présentée) avait un impact sur le résultat[1]. Il serait certainement dommageable

1. A.L. Peasacov, *Personality type and primary profession of the mediator : a comparative study of strategies and success*, Thèse de doctorat (PHD), The union institute (USA), 1994.

d'avoir une vision normative excluant des médiateurs, selon leur type, de certains enjeux. Il semble en revanche qu'un travail particulier doit être fait par certains médiateurs pour traiter certains types d'enjeux loin de leur mode de fonctionnement (et pas seulement de leur expérience professionnelle, comme le montre l'étude mentionnée).

Un troisième point consiste à réaliser que les quatre grands modes fonctionnels correspondent aux phases de la médiation. Nous avons vu que les phases I et II du processus, bien que distinctes, se prolongent l'une dans l'autre et qu'il y a une dimension objective ou analytique (privilégiée par certains contextes ou certains médiateurs) et une dimension subjective ou humaine (privilégiée par d'autres). Il est possible ainsi d'associer un type fonctionnel à chaque morceau de la médiation.

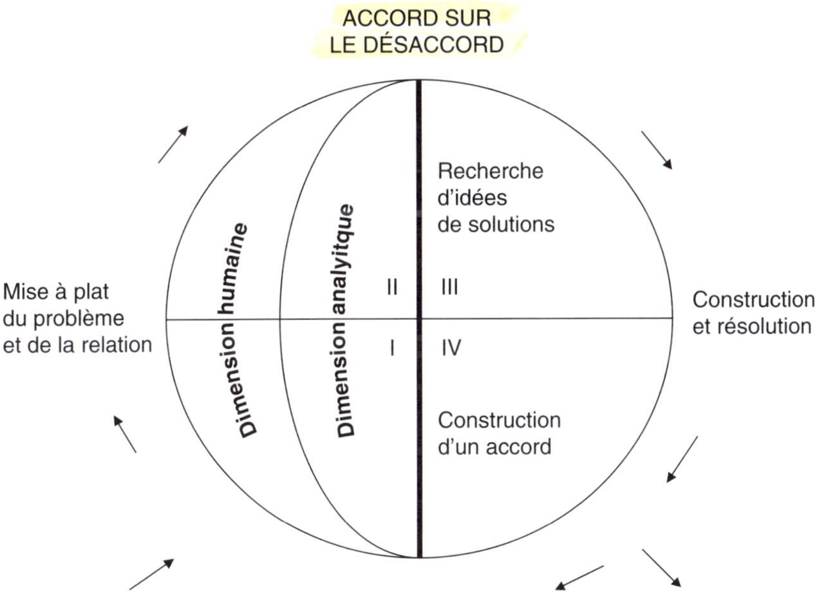

Source : d'après les modèles de Fisher et Ury et de Fiutak

Figure 4.2 – Le cercle de la médiation – 2

Le médiateur de type « analytique » risque donc de se sentir plus particulièrement à l'aise dans la mise en plat du problème sous l'angle factuel ou rationnel. Le médiateur « relationnel » pourrait privilégier l'angle humain (les ressentis, le vécu...). Il est de même possible d'associer le « créatif » à la phase III (la recherche de piste, d'idées, de projets) et le « directif » à la phase IV (la décision, le concret). Ce constat est tout d'abord rassurant. La médiation est une totalité impliquant un tour d'horizon complet où chaque mode fonctionnel a une utilité.

Notre attention peut cependant être attirée par des risques : la déformation du cercle par l'importance trop grande (ou trop hâtive) donnée à telle ou telle dimension sur la base de la personnalité du médiateur. Cette déformation peut éloigner les parties de leurs enjeux. Considérons à titre d'exemple un conflit du travail pouvant conduire à un licenciement. Un médiateur plutôt « analytique » risque de pousser les parties dans un certain sens avec des questions telles que : quelle est la définition du poste ? Quelles missions doit-il effectuer ? Un médiateur « relationnel » risque de plutôt demander : comment sont vos relations de travail ? comment les vivez-vous ?... Toutes ces questions sont importantes à condition de ne pas s'y cantonner et de pouvoir rester ouvert à ce qui se présente. L'un et l'autre auront parfois des difficultés à entamer (à temps) la phase III. Dans cette même situation, un médiateur « créatif » aura parfois tendance à pousser les parties vers mille et un projets puis revenir en phase II et chercher encore, quitte à lasser tout le monde. Enfin, le médiateur « directif », une fois qu'il pense avoir compris le problème, risque de pousser trop vite à un accord, en négligeant certaines étapes (par exemple de temps du deuil ou de l'acceptation d'une situation). Chaque médiateur, quelle que soit son inclination, doit donc apprendre à accorder place utile à tous les modes en évitant d'imposer (trop) son propre fonctionnement.

Les limites à la rationalité et les biais cognitifs

De nombreux éléments peuvent fausser notre perception ou analyse d'une situation. Ils vont souvent contribuer à alimenter le conflit voire à le créer. En médiation, ils peuvent pervertir le résultat de la médiation en biaisant le jugement de l'un ou l'autre des protagonistes. L'économie est un bon point de départ puisque les spécialistes ont depuis longtemps cherché à modéliser (et idéaliser) les comportements. Or, les théories se sont souvent avérées décevantes et en décalage avec la réalité.

La théorie de la rationalité limitée (issue des travaux d'Herbert Simon) permet de mieux expliquer ce décalage. L'approche n'est pas ici normative (qui consisterait à dire qu'il y a une bonne rationalité et des manières de faire irrationnelles) mais consiste à comprendre ce qui peut fausser le jugement à l'intérieur d'un raisonnement, qu'elles que soient les références.

Pour Herbert Simon, si l'individu était parfaitement rationnel, il fonctionnerait de manière synoptique (exploration de toutes les possibilités) et « optimisante » (recherche de la meilleure option, toutes conséquences prises en compte). Cela pose bien entendu des problèmes d'accès aux informations, de capacités, de temps et finalement de coût. L'individu fonctionne donc plutôt de manière séquentielle (il examine les possibilités qui lui viennent à l'esprit) et en recherchant un seuil de satisfaction[1]. La rationalité de l'individu se trouve aussi limitée par le fait que bien qu'il y ait des objectifs, ceux-ci ne sont pas toujours formulés de façon claire. Il est possible d'aller plus loin en introduisant le concept de rationalité procédurale limitée. Ainsi, la connaissance de la façon dont on décide est aussi importante que la connaissance de ce que l'on décide. Le processus de choix n'est pas extérieur à la construction du problème mais il y a influence réciproque. Les principales limites à la rationalité peuvent donc être aussi des limites à la résolution des conflits et à la médiation. De nombreuses limites à la rationalité ont été identifiées par les psychologues sous forme de biais cognitifs. Elles reposent souvent sur les heuristiques cognitifs, c'est-à-dire des mécanismes utiles pour simplifier la réalité (complexe) mais qui utilisés à mauvais escient sont incorrects. La liste ci-dessous, non exhaustive, est un recueil de limites et biais courants. Ces biais peuvent engendrer des effets secondaires utiles à connaître.

1. Voir Rojot, *La négociation*, Paris, Vuibert, 1994, p. 22. Cette présentation des limites à la rationalité doit beaucoup à celle de Jacques Rojot, notamment des parties non publiées.

➤ De l'heuristique au biais

La dévaluation réactive	Il s'agit d'un réflexe courant en négociation. Il est fondé sur la certitude que ce qui vient de l'autre est forcément mauvais pour soi (ce qui peut être parfois vrai bien sûr). Aussi, cela peut conduire à systématiquement contester les propositions de l'autre (même si *a priori* elles conviennent) comme mécanisme de défense. Les négociations collectives patronat/syndicat illustrent très bien ce mécanisme : toute proposition de l'autre est suspecte. Une variante est la tendance en négociation à se rassurer par le marchandage de la proposition de l'autre. Il tend alors à demander plus qu'il ne souhaite. On aboutit alors parfois à de longues discussions alors que l'accord était déjà virtuellement là !
L'ancrage	Cela consiste à utiliser l'information fournie ou disponible plutôt que l'information pertinente (à aller chercher). De nombreuses expériences montrent comment en laissant « traîner » dans un texte (ou propos) une information qui peut être sans rapport avec le propos, on peut influencer un choix ou une perception. En médiation, si le médiateur dit à une partie : « Souhaitez-vous une indemnité de plus de 1 000 € ? », il crée un ancrage qui va souvent modifier les prétentions (à la hausse ou à la baisse). Il pose la question en ayant peut-être à l'esprit les statistiques internes (moins de 1 000 € ou plus de demande initiale) mais sans le vouloir, le médiateur a alors rompu son vœu de neutralité !
L'encadrement	L'encadrement est souvent un facteur de biais associé à l'ancrage. Cela fait référence à la manière de formuler le problème en rapport à un gain ou une perte, un point de référence ou une échelle de mesure plutôt qu'une autre. Si je m'intéresse à la température en deux lieux et que je lis qu'il fait 8 °C à Paris et 16 °C à Marseille, je peux être tenté de penser qu'il fait deux fois plus chaud à Marseille (ce qui n'a aucun sens d'un point de vue physique). Si je compte en degrés Fahrenheit (aux États-Unis par exemple), alors je lis qu'il fait 46 °F à Paris et 61 °F à Marseille… ce qui peut sembler proportionnellement moins important. L'histoire du verre à moitié plein ou à moitié vide est aussi une heuristique d'encadrement (il nous reste encore un demi-verre, ou bien, seulement un demi-verre ! !) ☞

La disponibilité	Il s'agit de l'importance plus grande donnée à des événements récents (disponibles en mémoire) plutôt qu'à l'ensemble d'un parcours. L'attitude rationnelle de conservation et actualisation des informations est coûteuse (ne serait-ce qu'en temps) et ne peut être systématique. Les politiques l'ont bien compris : les augmentations d'impôt ou les grandes réformes ont rarement lieu dans l'année qui précède des élections importantes ! Les augmentations de salaires, la distribution d'avantages… sont en revanche plus fréquentes dans ce temps-là (c'était déjà le conseil de Machiavel adressé aux Princes). Le passage dans la classe suivante sera plus facilement accordé à un élève qui a montré une progression qu'à celui dont les résultats ont chuté (à moyenne annuelle équivalente, par exemple de 9,5). Cela peut souvent être un choix pertinent mais aussi être dû à des préférences sur des parties du programme sans rapport entre elles (algèbre et géométrie par exemple). La progression ne témoigne alors plus d'un effort ou d'un progrès particulier de l'élève mais est liée à l'ordre du programme.
La perception sélective	La croyance dans une réalité donnée (ou l'habitude tout simplement) conduit souvent à retenir les informations concordantes et voir (ou même ne pas voir) le reste comme une exception. Si je me dis que mon voisin me veut du mal, il me sera facile (inconsciemment souvent) de trouver des confirmations : sa manière de me regarder, de m'éviter puisque je ne l'ai pas vu depuis trois jours, de se débarrasser dans ma boîte des prospectus qu'il ne veut pas (c'est sûrement encore lui !)… D'une manière plus générale, l'intégration d'une information nouvelle demande un effort qui peut faire préférer la rejeter et conduire à un certain conservatisme.
La prophétie autocréatrice	Une forte crainte quant à un événement à venir ou une réalité peut conduire à provoquer cette réalité. Si l'on reprend l'exemple du voisin décrit ci-dessus, il est fort probable que le fait d'être persuadé de son hostilité me conduira à changer mon comportement d'une manière discrètement ou ouvertement hostile… et donc à changer le sien. Il risque alors d'être plus distant, de m'éviter… et j'y verrai une confirmation. C'est un peu comme le passager qui ne cesserait de dire au conducteur « Attention, tu vas avoir un accident »… il risque de finir par avoir raison sans réaliser qu'il a, par son comportement, créé une situation de panique à l'origine de l'accident*.

☞

* Pour la description de ce genre de mécanismes, voir en particulier Watzlavick P., *Faites vous-mêmes votre propre malheur*, Paris, Le Seuil, 1984.

De l'excès au manque de confiance en soi (et en l'autre)	L'excès de confiance en soi désigne ici l'incapacité à mesurer le fruit de son jugement (ou évaluation) avec un intervalle de confiance réaliste. Il s'agit en fait souvent d'une surcompensation d'un manque de confiance qui rend toute remise en question ou doute peu confortable. Aussi, il est plus fréquent, lorsqu'on demande son chemin, d'avoir des réponses totalement erronées plutôt que de s'entendre dire « Je ne sais pas ». Beaucoup de candidats à un examen changeront leur réponse à une question si l'examinateur envoie des signaux contradictoires (expression du visage par exemple) et si elles ont entendu le candidat précédent répondre autrement avec enthousiasme, devant le sourire de l'examinateur (en fait il souriait en pensant à ses vacances et fait maintenant la moue car le changement de candidat a interrompu se rêverie). Parfois on se contentera d'une approximation ou d'une réponse floue car aller plus loin suppose un effort ou une confrontation. À ce titre, il y a souvent confusion entre la confiance (en l'autre ou en soi) et la fiabilité/clarté d'une situation. On peut se laisser emporter par « Faites-moi confiance, je connais mon métier » et laisser tomber une question essentielle au bon déroulement d'une opération (clarté des engagements et des besoins, fiabilité des processus de mise en œuvre...).
L'entraînement collectif et la preuve sociale	Il est difficile de résister à l'évidence que provoque un mouvement collectif. L'histoire des moutons de Panurge (de Rabelais mais aussi reprise par Brassens) est à l'origine d'une expression très populaire qui exprime cette idée. Une illustration de la preuve sociale est le choix d'un restaurant en terre inconnue (et sans guide de confiance). Il est tentant, à choisir, d'aller dans le restaurant où il y a du monde (même un peu) plutôt que personne. C'est pour cela que certains restaurateurs, dans les secteurs touristiques à clientèle de passage, installent les premiers clients en vitrine, font manger des amis ou bien diffusent des offres avantageuses valables avant une certaine heure... pour créer l'amorce.
L'engagement	Une fois obtenu un premier engagement (verbal, moral ou concret), les chances d'en obtenir un autre sont infiniment plus grandes. Aussi, face aux stratégies de défense des clients, les vendeurs inventent sans cesse de nouvelles techniques pour capter l'attention et obtenir un premier engagement. La technique classique de la vente dite à l'entonnoir repose

	sur ce mécanisme : une première question qui doit nécessairement susciter un oui (donc une adhésion, un engagement) comme par exemple « Êtes-vous intéressé par un gain de 500 € sans effort ? ». Ensuite, le télévendeur essaie de vous proposer (progressivement) un placement financier. Une variante est la technique pratiquée par les cireurs de chaussure d'Istanbul. Ils vous abordent en vous demandant un centime pour la collection de leur fils. Vous le donnez sans réserve (que représente un centime si ça peut faire plaisir ?) et ils commencent à vous cirer les chaussures pour vous remercier… tout en vous expliquant leurs difficultés pour nourrir leur famille, etc. L'entretien se termine par la négociation d'un petit quelque chose pour des chaussures aussi bien cirées. Ces deux exemples illustrent le jeu de deux mécanismes à l'œuvre : la cohérence (vis-à-vis de nos propres affirmations) et la pression de la réciprocité (un don en appel un autre…). Identifier le jeu permet de faciliter le désengagement. Les techniques dites « de pied dans la porte » reposent en grande partie sur ces mécanismes* : en discutant avec cette personne je me sens engagé puisque je ne sais plus m'en dégager !
Le temps	Nous avons généralement une préférence pour l'immédiateté. Elle devient irrationnelle quand elle conduit par exemple un étudiant à préférer une rémunération immédiate de 1 000 € pour son travail estival plutôt que 1 100 € dans trois mois. Un emprunt de 1 000 € pour trois mois à la banque (en attendant d'être payé) coûterait beaucoup moins cher que 100 €.
Le rapport au risque	Ne pas aimer ou au contraire aimer le risque est un trait de personnalité qui différencie les individus. Cela n'a rien d'irrationnel tant que l'on en est conscient et que le prix à payer est raisonnable. Or, une crainte excessive pour le risque peut conduire à prendre des décisions mauvaises ou des engagements disproportionnés au profit « d'assureurs » de toute sorte. Prendre une mutuelle avec un niveau de prestation destiné aux personnes souvent malades alors que l'on est en parfaite santé peut être une décision à rationalité limitée. Prendre une assurance annulation voyage pour un trajet que l'on fait 10 fois par an et que l'on a dû annuler 1 fois en 10 ans n'est pas statistiquement rationnel (si le billet est à 500 € et que l'assurance coûte 5 %, les frais d'assurances sont de 2 500 € sur 10 ans contre seulement 500 € si l'on est son propre assureur !)… ☞

* Beauvois R.V. & Joule J.L., *Petit traité de manipulation à l'usage des honnêtes gens*, Grenoble, Presses Universitaires de Grenoble, 1987.

L'autorité	Stanley Milgram a admirablement montré, dans son livre *Soumission à l'autorité*, comment il était possible de faire agir de nombreux individus contre leur volonté et même de manière inhumaine en s'appuyant sur des ressorts particuliers pour lesquels nous avons été souvent formatés*.
La sympathie	Reconnaître en l'autre quelqu'un de sympathique, ce qui peut vouloir dire ayant les mêmes références (culturelles, groupe sociologique d'appartenance, manière de s'habiller…) conduit à lever certaines prudences. Les quelques cas d'escroquerie au placement dans les milieux du show-biz par quelqu'un de reconnu par le milieu illustrent ce risque (et aussi le mécanisme de la preuve sociale). Une autre manière de prendre le problème est de s'interroger, lorsqu'on donne une aumône à quelqu'un, sur les raisons qui nous ont poussés à donner à celui-ci plutôt qu'à un autre (il représente mieux notre représentation du pauvre à aider ? il nous ressemble ? ou au contraire vraiment pas du tout ?…).
La rareté	La rareté justifie des efforts normalement jugés déraisonnables. Une bouteille d'eau en plein désert peut avoir une valeur immense. Intérioriser de la rareté à tort conduira à prendre des décisions déraisonnables. C'est le jeu de nombreux vendeurs : il n'en reste plus qu'un en stock et deux sont déjà partis ce matin !
De la croyance au Père Noël au syndrome du Jackpot	L'espoir d'un gain facile ou gratuit est souvent source de comportements déraisonnables. Les casinos et les loteries y trouvent une grande partie de leur rente (souvent camouflé par la référence au plaisir du jeu… qui n'existerait pas sans le fantasme du jour de chance). La modestie du ticket d'entrée comparée au gain potentiel et providentiel achève de lever les obstacles à la participation, bien que la plupart des joueurs soient conscients qu'on y perd plus que l'on y gagne.
Les biais collectifs	Ils sont pernicieux car ils procèdent en général d'un système où joue le mécanisme de la preuve sociale et où une conscience de ce qui se joue n'est pas suffisant à un niveau individuel pour inverser le processus ou se protéger. Une régulation extérieure (mais qui peut être décidée par le collectif) devient souvent nécessaire. La crise de 1929 illustre tout à fait ce jeu. Si tout le monde retire ses avoirs en banque, le système s'écroule. Si je ne le fais pas, je risque de ne rien récupérer. Si je le fais je participe à l'effondrement du système.

☞

* Milgram S., *Soumission à l'autorité*, Paris, Calmann-Lévy, 1974

	L'accès au train RER à Paris aux heures de pointe est un autre exemple. Individuellement, chacun peut avoir intérêt à attendre le RER au plus prêt de la porte pour avoir une place assise (ou une place tout court). Une fois que deux personnes sont déjà positionnées et lors de l'arrivée du train, il serait raisonnable de se placer derrière afin de permettre aux voyageurs de sortir le plus vite possible (pour rentrer avant que les portes se referment et ne pas provoquer un retard préjudiciable à tout le monde). Pourtant il est tentant de s'avancer un peu comme en entonnoir, ce qui permet d'avoir une chance de rentrer en meilleure position que le premier (si l'on est calculateur) ou simplement d'empêcher quelqu'un de jouer cette compétition inefficiente (si l'on valorise la règle du premier arrivé). Un entonnoir se forme alors progressivement qui rend difficile la sortie des passagers qui pourtant libèrent des places. Ces derniers sortent alors péniblement un par un au lieu de trois par trois, provoquant immanquablement une perte de temps qui s'accumule de station en station.

Effets secondaires – Rationalisation des valeurs et manipulation

Les différents points listés plus haut pointent de nombreuses autolimitations qui peuvent être saisies par des manipulateurs. Le biais peut se produire de manière fortuite mais peut aussi être orchestré. Un exemple est proposé ci-dessous. De plus, il peut se produire un mécanisme de rationalisation des valeurs ou de la décision pour (se) justifier un résultat ou un état de fait.

Le risque de rationalisation des valeurs ou de la décision

Souvent l'hypothèse émise est que les valeurs se définissent *a priori*, entraînant alors des buts (conformes aux valeurs), eux-mêmes à l'origine des comportements. Il arrive souvent que l'enchaînement soit inverse. Nous avons un comportement. Il est seulement en partie rationnel ou fondé sur des valeurs. Il est largement conditionné par l'environnement ou le hasard des rencontres. Les buts sont alors ajustés pour être cohérents avec les comportements et leur cadre. Les valeurs s'ajustent d'elles-mêmes afin de permettre à l'individu de se sentir cohérent.

Cela est très important en médiation et dans les situations de conflit, où la perspective peut changer la manière de penser.

Exemple

> Imaginez-vous dans les embouteillages en ville et cherchant une place. Vous avez, depuis 30 minutes, déjà fait trois fois le tour du quartier. Aucune place n'est disponible. Au premier tour, étant vous-même souvent piéton, vous refusez de vous garer sur un passage piéton. Au deuxième tour, vous seriez peut-être déjà prêt à le faire (rationalisation : « Ce n'est pas à moi de subir la mauvaise gestion urbaine de la municipalité »). Malheureusement la place n'est plus libre. Au troisième tour, vous avez revu la même personne qui, déjà lors de votre premier passage, en tant que piéton, bloquait une place, probablement au bénéfice d'un automobiliste. Il est possible que votre manière de penser initiale, si elle était de « laisser la place au premier arrivé », évolue vers : « laisser la place au premier *véhicule* arrivé [c'est-à-dire de prendre la place réservée par le piéton] », etc.

Dans cet exemple, une rencontre avec un piéton (muni d'une poussette par exemple) si vous vous êtes garé sur le passage piéton, ou bien avec l'individu réservant physiquement une place peut rapidement tourner au choc des valeurs... pourtant largement induites par le contexte et les comportements.

Exemple de manipulation. – La salle des ventes en Grande-Bretagne

Récit et cadre	Commentaire
Vous avez lu dans la presse d'un journal populaire britannique qu'une grande vente de déstockage promotionnel a lieu cet après midi. Des exemples (non contractuels) montrent une TV de poche pour 15 €, un lecteur de CD pour 20 €. Vous n'avez aucun besoin en particulier mais à ce prix-là, ce pourrait être intéressant. Ça n'engage à rien d'aller voir (croit-on).	Le mécanisme de l'engagement se met en place et les organisateurs mettent un pied dans la porte grâce à l'appât.

☞

Récit et cadre	Commentaire
L'entrée de la salle des ventes se fait par une petite porte avec deux vigiles à l'entrée. Il n'y a pas d'autres portes apparentes. Les vendeurs sont installés sur une estrade surélevée (rappelant l'atmosphère du tribunal). D'autres vigiles sont positionnés. Les clients sont ensuite disposés en rang et alignés On trouverait ça généralement inacceptable mais s'il y a toutes ces précautions c'est peut-être qu'il y a de bonnes affaires à faire.	Tout cela fait intérioriser (et réactive) les figures d'autorité engageant un début de soumission.
Les organisateurs font un discours pour expliquer qu'il y a ici des affaires exceptionnelles à faire car ils souhaitent s'implanter et se faire connaître dans la région.	Activation et justification de la croyance au père Noël.
Ils annoncent que bien sûr, à de telles conditions, ils n'en auront pas pour tout le monde et que les premiers à se manifester seront les premiers servis.	Intériorisation de la rareté et de l'immédiateté de la décision (l'urgence contribue à limiter la rationalité).
Une série de lots est mise en vente à des prix dérisoires. Les produits sont peu intéressants à ce stade mais sont attractifs, vu le prix : 24 assiettes pour 20 centimes d'euros, par exemple. Après hésitation une main se lève et le lot est immédiatement remis contre paiement de la somme. Les quelques lots suivants partent de plus en plus vite et finalement toute l'assemblée lève la main avant même de savoir de quoi il s'agit (c'est la seule chance d'avoir quelque chose). Environ 10 % des personnes présentes se retrouvent avec quelque chose, et cela pour une somme dérisoire.	Amorçage de la preuve sociale et de la présence du Père Noël.
Un lot peu intéressant de produits démodés (unc veille console de jeux, un lecteur de K7…) est présenté d'une manière habile. Les organisateurs indiquent avec soin la valeur théorique de référence de chacun des produits. Le lot est vendu 100 € au lieu de 500 € (prix normal dans le commerce classique… mais ils ne disent pas combien d'années auparavant !). Une personne choisie et déjà particulièrement gâtée se voit demandée si ce lot est intéressant. Il lui est immédiatement offert en remerciement de sa confiance.	Ancrage et encadrement du prix.

☞

Récit et cadre	Commentaire
Une seconde personne choisie (critères socioculturels visibles vraisemblablement) et aussi déjà particulièrement gâtée se voit demandée si ce lot est intéressant et si elle aimerait l'acquérir. Elle répond oui (avec l'œil du désir pour « du gratuit » ou du « pas cher » qui peut venir). Après quelques échanges sur la personne (métier, prénom, félicitations…), l'ensemble lui est immédiatement remis avec une TV grand écran et un magnétoscope en remerciement de sa confiance.	Activation du mécanisme de la sympathie et renforcement de la croyance au Père Noël.
« *Maintenant, vous allez tous pouvoir acquérir ce lot. Je vous rappelle qu'il est exceptionnellement mis en vente ici pour 100 €. Si vous levez la main, il y a contrat et la vente est ferme. Maintenant, si* comme *Jean-Claude vous voulez l'acquérir, dépêchez-vous et sortez vos billets…* » Une personne lève la main, on lui répond : « *il y a vente ferme, ce lot est à vous pour 100 € et pour vous remercier, exceptionnellement vous aurez aussi une TV et un magnétoscope.* ». Les billets se tendent aussi. « *Conservez votre argent* » indique l'animateur. Chacun aimerait comprendre que finalement il n'y a rien à payer (mais cela veut dire : vous paierez plus tard).	Réactivation de la soumission à l'autorité et à l'engagement. Utilisation des phénomènes mimétiques et de la preuve sociale. Réactivation de la rareté et ambiguïté (flou sur l'engagement avec la formule « Conservez votre argent » qui laisse espérer du « gratuit ») sur l'ajout récurrent de cadeaux supplémentaires.
« Qui veut aussi le lot ? » Des dizaines de mains se lèvent. Un coupon est remis avec la répétition verbale « Il y a vente ferme, ce lot est à vous pour 100 € ». Pas de cadeau (mais cela va très vite, personne ne s'en rend vraiment compte) et toujours l'espoir derrière le « Conservez votre argent ».	Accélération de l'emballement social dans la rareté, la preuve sociale, l'ambiguïté sur les engagements, l'espoir du cadeau Père Noël…
Une fois tout le monde servi : « Vous pouvez payer par chèque, CB, en liquide, virement… dirigez-vous vers les centres de paiements avant de sortir ». Deux vigiles sont placés devant la porte de sortie qui est fermée. Personne n'ose se dédire et sortir. Ils n'empêcheraient d'ailleurs pas de le faire (malgré le prétendu engagement verbal) car un scandale ferait tout tomber.	Douche froide mais besoin de préserver la face sociale et de s'en tenir aux engagements pris. Intériorisation de l'autorité (contrat soi-disant ferme, vigiles, estrades).

☞

Récit et cadre	Commentaire
	Rationalisation de la décision alors que le lot ne vaut rien (ça pourra toujours servir). Les obstacles refuges liés à l'impossibilité de payer sont levés par les organisateurs de l'escroquerie avec une grande flexibilité dans les moyens de paiement acceptés.

Comprendre ces mécanismes est utile pour le médiateur, qui est **responsable** de la mise en œuvre d'un processus équitable, où les décisions se font par un consentement libre (droit de sortir des usages et d'être créatif) et éclairé (voir p. 25, 80).

Le pouvoir et les rapports de force

Les jeux de pouvoir et les rapports de force apparaissent fréquemment comme obstacles à la négociation et à la médiation. Le pouvoir est une manière de régler les problèmes mais elle se situe à un niveau différent de celui du dialogue. Il est souvent question de pouvoir et de rapport de force et ces notions méritent d'être distinguées l'une de l'autre. En plus des trois niveaux susmentionnés, la compréhension des sources et mécanismes du pouvoir pourra permettre aux médiateurs de mieux resituer l'action de médiation.

Les trois sphères de résolution des problèmes

Il est possible de distinguer trois fondements à la résolution des problèmes : le pouvoir, le droit et les intérêts. Dans la sphère du pouvoir, c'est par les rapports de force que les problèmes tendent à être réglés.

Dans la sphère du droit, c'est par l'application de règles (auxquelles il y a une adhésion démocratique, sinon il s'agit de maquillage du pouvoir). Cela va des articles de la constitution au règlement interne d'une entreprise. Enfin, il est possible d'agir au niveau des intérêts, ce qui conduit à la négociation et parfois à la médiation.

Chaque sphère peut avoir sa propre pertinence. Le dialogue et la négociation ne sont pas toujours souhaitables. En pénétrant dans un supermarché alimentaire, par exemple, on adhère à un certain nombre de règles : les prix affichés ne sont en général pas négociables, il faut payer à la caisse avant de prendre l'objet… Il y a par ailleurs des points de passage d'un système à l'autre. Le droit nécessite souvent le recours à l'exercice d'un pouvoir (dit légal), pour assurer son exercice (par exemple l'action d'un agent de la circulation, l'action d'un juge…). Par ailleurs, le pouvoir et le droit peuvent avoir été négociés. Le contrat de travail, résultat d'une négociation, transfère à l'employeur un certain nombre de pouvoirs sur l'employé (lien de subordination, instructions concernant le travail à fournir…) tout en devenant une référence juridique (de nombreux problèmes peuvent y être prévus). Une convention collective est négociée avant de devenir une règle s'imposant à chacun…

Chaque niveau a son utilité et sa place dans les relations du travail. Les problèmes émergent lorsqu'on utilise un niveau pour un autre. Cela arrive notamment par souci de gagner du temps car l'exercice d'un pouvoir unilatéral de décision semble plus rapide. Ce n'est vrai que si la décision n'est pas contestée. Dans le cas contraire, on risque de rentrer dans le rapport de force. La notion de dialogue peut aussi être porteuse d'ambiguïté : consultation, concertation, négociation ? Beaucoup de relations directions/syndicats peuvent être améliorées en définissant préalablement ce qui appartient au pouvoir de décision unilatéral (avec ou sans information préalable), à la concertation ou la consultation (la décision finale reste celle de la direction) et à la négociation (l'accord de chacun est nécessaire). Les élus syndicaux peuvent mal vivre de n'avoir pas été informé de certaines décisions avant les salariés (ou de ne pas avoir été consultés) sans pour autant souhaiter tout négocier et agir dans la cogestion.

➤ Le pouvoir

- *Qu'est-ce que le pouvoir ?*

La définition de la notion de pouvoir fait l'objet d'importantes discussions académiques qui dépassent notre cadre. Il est possible de proposer des définitions très générales et peu polémiques telles que la « possibilité pour certains individus ou groupes d'agir sur d'autres individus ou groupes »[1] ou simplement la capacité d'exercer une influence. Le pouvoir se traduit par deux effets fondamentaux : la promotion (faire faire) et l'entrave (empêcher)[2]. Le pouvoir de négociation est alors la capacité à influencer le résultat de la négociation à son avantage.

- *Pouvoir et négociation*

Une première propriété est l'indissociabilité du pouvoir dans la négociation : « le pouvoir est l'essence de la négociation »[3]. La négociation a lieu car chacune des parties a le pouvoir de procurer un bénéfice ou une nuisance à l'autre. Dans le cas contraire, il s'agit d'une autre relation, comme par exemple une relation fondée sur la subordination ou la connivence. Il est cependant possible de distinguer le pouvoir à caractère distributif (recherche de concessions, recherche d'informations déstabilisantes) et le pouvoir à caractère intégratif (créativité, identification des préoccupations).

Le pouvoir d'une partie en négociation peut par ailleurs être caractérisé de trois manières. Il est *relatif* (selon l'environnement, les parties engagées ou les enjeux), *subjectif* (faisant l'objet d'interprétations et d'une perception sélective de l'environnement), et *indépendant* du pouvoir de l'autre. La relativité invite à considérer chaque négociation et chaque relation particulière séparément. La subjectivité implique de considérer le pouvoir perçu plutôt que le pouvoir réel. Enfin, l'indépendance des pouvoirs des parties conduit à s'intéresser au *rapport de force* plutôt qu'au pouvoir de chacun. Le pouvoir, le contrôle de l'autre peut alors devenir un enjeu essentiel et même faire perdre aux parties le sens de leurs intérêts sous-jacents. Il acquiert alors le statut de fin et de moyen, déterminant largement les attitudes des parties.

1. Crozier M. et Friedberg E., *L'acteur et le système*, Le Seuil, 1977, p. 55 et ss.
2. Dupont C., *La négociation*, Dalloz, 1994, p.40.
3. Rojot J., *La négociation*, Vuibert, 1994.

➤ Le rapport de force

- *Qu'est-ce que le rapport de force ?*

Le rapport de force peut être défini comme le différentiel de pouvoir entre les protagonistes. Nous verrons que cette asymétrie doit se mesurer en intégrant le degré mais aussi la nature différente du pouvoir de chacun car le pouvoir est multidimensionnel et difficile à mesurer.

- *Impact du rapport de force sur le style et l'issue de la négociation*

La nature du rapport de force peut encourager les parties vers des négociations plutôt compétitives ou vers des négociations plutôt coopératives. Il est généralement affirmé qu'un rapport de force très favorable tend à générer chez la partie dominante une attitude plus compétitive. Un rapport de force équilibré ne génère pas systématiquement une relation coopérative et effective pour autant. L'indétermination, renforcée par les biais de perception peut entraîner les parties dans une rivalité et une escalade conflictuelle, selon des mécanismes déjà abordés précédemment.

Le style de la négociation semble donc davantage dépendre du degré de reconnaissance, d'acceptation et d'une juste exploitation du rapport de force. Si le pouvoir de chacun est mal identifié, mal accepté ou vécu comme abusif, les parties risquent d'être entraînées dans une lutte pour l'affirmation de leur pouvoir et sortir du champ de la négociation. Dans le cas contraire, que le rapport de force soit équilibré ou non, la négociation peut aboutir rapidement et de manière satisfaisante.

Si le pouvoir est difficilement quantifiable ou prévisible, son influence sur le résultat n'est pas nécessairement conforme à ce que le rapport de force aurait pu permettre de prévoir. Il a été montré que dans certaines situations, les plus faibles obtenaient des résultats nettement supérieurs à ce que le rapport de force pouvait laisser espérer. Il est possible de retenir deux explications pour justifier cet état de fait : la dissymétrie des enjeux qui amène le plus faible à s'investir davantage tandis que le plus fort risque de s'impliquer ailleurs, et les enjeux relationnels, par exemple vis-à-vis des tiers, pour lesquels l'exercice unilatéral du pouvoir du plus fort aurait d'autres conséquences (perte d'image préjudiciable par exemple).

➤ Les sources du pouvoir

L'examen des sources du pouvoir fournit alors autant d'éléments qui, lors de la négociation ou de la médiation, peuvent constituer des points de blocage mais aussi de dénouement.

Les sources du pouvoir peuvent être multiples[1] :

- l'identification ou la construction d'intérêts communs
- l'existence d'une alternative satisfaisante
- les sanctions ou récompenses
- le contrôle et l'utilisation d'informations clefs
- la formulation d'arguments convaincants car touchant des intérêts spécifiques
- l'utilisation de la « déférence » envers les experts, figures d'autorité, rôles ou pressions de groupes
- l'utilisation d'obligations liées à des faveurs passées
- l'utilisation du désir de consistance des engagements
- l'utilisation des réseaux de relations pour créer des liens ou faire pression
- la capacité à dérouler un argumentaire adapté
- …

Face à cette multiplicité, il peut être utile de rechercher les mécanismes communs à l'œuvre dans ce type de relation sociale.

➤ Les mécanismes du pouvoir

L'analyse stratégique (Crozier & Friedberg), met en avant les concepts de marge de manœuvre et de zone d'incertitude comme mécanisme fondamental du pouvoir. Chaque acteur cherche à élargir sa marge de manœuvre en réduisant les *incertitudes* (en ce qui le concerne). Cette notion d'incertitude est aussi tout à fait caractéristique de la négociation.

1. Watkins M., Rosegrant S., « Sources of power in coalition building », *Negotiation Journal*, vol. 12, janvier 1996.

Une autre dimension du pouvoir est le degré de *dépendance* d'un acteur vis-à-vis de l'autre. On peut remarquer que la négociation implique toujours un minimum de dépendance. Dans le cas contraire, les parties imposeraient leur volonté, sans perdre de temps en négociant, ou bien s'ignoreraient.

Le mécanisme même du pouvoir réside donc dans une situation combinant conjointement *interdépendance* et *incertitude*[1]. Cette combinaison est par ailleurs aussi une caractéristique essentielle à la fois des conflits, de la négociation et de la médiation.

Une conséquence directe des développements précédents concerne la participation à un processus de médiation. Elle sera probablement influencée par la perception du pouvoir de négociation. Autrement dit, si les parties n'attendent rien de la négociation, on peut imaginer qu'elles n'attendent rien de la médiation non plus. La médiation peut donc impliquer au préalable un rééquilibrage du rapport de force (déséquilibre objectif) ou la réduction des biais à la perception de la réalité (déséquilibre subjectif).

Comment utiliser ces éléments en médiation ?

Le médiateur pourra se préoccuper des jeux de pouvoir et du rapport de force en particulier au stade du diagnostic (s'assurer d'un rapport de force compatible avec la médiation, neutraliser les jeux de pouvoir nuisibles au processus de médiation...) et lors d'impasses pendant la médiation (évaluer l'impact du pouvoir supposé sur les rigidités, recadrer les perceptions décalées, prendre acte de la disponibilité d'un pouvoir important...).

Puisque le pouvoir de l'un sur l'autre (et donc le rapport de force) repose sur l'association d'interdépendances et d'incertitudes, il s'agira de comprendre lesquelles. Cela permettra par la suite au médiateur de s'assurer que la médiation ne serve pas à l'un aux dépens de l'autre en réduisant telle ou telle incertitude, par exemple la récolte d'une

1. Rojot J. & Bergman A., *Comportement et organisation,* Vuibert, Paris, 1991.

information clef. Le médiateur pourra repérer alors les dissymétries éventuelles, les perceptions potentiellement décalées…

Exemple

Rupture conflictuelle des relations de travail entre un sous-traitant qui aimerait être payé d'une prestation et la filiale d'un groupe qui nie l'effectivité et la qualité du travail (et refuse donc de payer).

	Sous-traitant	**Filiale du groupe**
Que pensent-ils faire en cas d'échec de la médiation ?	Aller au tribunal de commerce	Ne pas payer
Que pensent-ils que l'autre va faire en cas d'échec ?	Ne pas payer	Laisser tomber pour ne pas perdre le groupe comme client
Que risque-t-il de se passer effectivement ? (en fonction de l'avis ou de décisions annoncées par des tiers)	Le délai moyen de ce genre d'affaire est long pour une petite entreprise et l'issue incertaine	En cas de décision défavorable du tribunal de commerce, la filiale fera appel grâce au soutien du département juridique du groupe
En quoi y a-t-il une dépendance vis-à-vis de l'autre partie ?	1. Le non-paiement de la prestation et le contentieux représentent un coût difficile à assumer (–) 2. Le savoir-faire acquis dans la relation de sous-traitance peut intéresser la concurrence (+)	1. Le non-paiement de la prestation crée de la trésorerie et le contentieux est porté par le groupe (+) 2. Le sous-traitant a été amené à connaître des éléments de procès que la concurrence ne devrait pas connaître (–)
Quelles sont les incertitudes sur le comportement de l'autre partie ?	Est-ce que le groupe nous poursuivrait pour rupture de la confidentialité ? Est-ce qu'elle tient toujours en cas de non-paiement ?	Est-ce que le sous-traitant respectera son engagement de confidentialité ?
Quelles seraient les conséquences (non connues par l'autre) d'une rupture ?	La simulation comptable montre que la perte du groupe comme client conduirait à licencier 25 % des effectifs et affaiblirait la compétitivité	Le logiciel de pilotage des machines outils doit être mis à jour et si cela est fait par un autre sous-traitant, cela coûtera 30 % de plus (soit 50 K€)

☞

Analyse	Une première analyse permet de réaliser que la filiale se sent en position forte puisqu'elle pense pouvoir en rester là sans conséquences et qu'elle se sent soutenue par le groupe. La situation du sous-traitant est moins favorable puisque l'échec l'amènerait à un contentieux difficile à porter (comme le serait l'abandon de la créance d'ailleurs). En fait, la filiale semble sous-estimer la volonté du sous-traitant de poursuivre l'affaire… et le sous-traitant risque de surestimer l'effectivité d'une procédure judiciaire. En revanche, le sous-traitant anticipe parfaitement la réaction de la filiale en cas d'échec. L'intérêt d'une négociation apparaît à ce stade plus évident. En allant plus loin dans l'analyse, la découverte de zones d'interdépendances (trésorerie pour l'un, confidentialité pour l'autre) et d'incertitude sur les comportements confirme l'intérêt d'une sortie amiable de ce contentieux. Cela est d'autant plus évident qu'une rupture aurait des conséquences coûteuses de part et d'autre (dernière question).

Les deux premières questions correspondent à une analyse de surface du rapport de force perçu. Le questionnement conduit ici à un recadrage permettant de prendre conscience de la multifonctionnalité des axes de pouvoir. Chaque axe définit un potentiel de nuisance ou de gains mutuels selon l'évolution de la situation.

Dans certains cas, l'analyse confirme un rapport de force nettement favorable à l'un qu'il n'appartient pas au médiateur de chercher à modifier. Le médiateur persistera à aider les parties à satisfaire au mieux leurs intérêts, en cherchant au moins à faire mieux que ce qui se passerait par l'expression du rapport de force.

Et pour le manager médiateur… est-ce qu'être médiateur conduit à perdre du pouvoir ou de l'autorité ?

Une crainte fréquente vis-à-vis de toute forme de négociation et donc vis-à-vis de la médiation est de perdre du pouvoir. *Le pouvoir s'userait quand on ne s'en sert pas…* Utiliser son pouvoir ou son autorité pour faire passer quelque chose, c'est au contraire utiliser un capital et faire monter l'insatisfaction. Négocier c'est se donner une chance de prendre une décision satisfaisant au mieux les différents acteurs. Cela permet de renforcer une réputation de personne avec qui il est bon de traiter ou travailler. Être médiateur est de la même manière l'occasion de diffuser une culture de négociation, d'être respecté et reconnu par chacun pour son rôle, d'éviter au maximum de contrarier les uns ou les autres sans pour autant se défausser, d'autonomiser les individus pour ce qui est dans leur périmètre, de bénéficier de reporting, car l'on se confie davantage à quelqu'un dont on sait qu'il ne cherche pas à réutiliser l'information contre nous-même... La médiation n'est d'ailleurs qu'une parenthèse, éventuellement annoncée comme telle, et l'exercice du pouvoir sera d'autant plus acceptable qu'une solution négociée aura été sincèrement cherchée au préalable... Tout cela implique bien sûr le respect de l'éthique de la médiation. Dans le cas contraire, le sentiment de trahison peut conduire à un effet totalement inverse (comme le cas de l'entreprise qui organise des groupes de travail pour préparer les « 35 h », alors que la décision sur l'organisation future est déjà prise en haut lieu...).

La complexité et la multiplicité des acteurs

L'intervention de médiation peut être rendue très difficile et surtout longue par la multiplicité des acteurs visibles. L'intervention d'un médiateur dans une négociation collective l'amènera souvent à considérer aussi bien les coalitions apparentes (souvent deux), mais aussi les désaccords et les tensions à l'intérieur de ces coalitions (la coalition ne tient parfois que par rapport à une position radicale, mais éventuellement irréaliste : « Pas d'augmentation cette année ! ») ou les enjeux de personnes (ce qui peut conduire à des médiations interpersonnelles en parallèle). L'intervention conjointe de plusieurs médiateurs (fonctionnant de manière coordonnée) mais aussi de coachs, experts... peut parfois être nécessaire.

Même lorsque la médiation semble au premier abord concerner uniquement deux personnes, elle s'inscrit en général dans une relation à multiples enjeux et multiples acteurs. La multiplicité des enjeux se déduit aisément des développements de la première partie de cet ouvrage. La multiplicité des acteurs peut ne pas être évidente au premier abord. Au schéma classique (un médiateur et deux personnes en conflit), il convient d'ajouter toutes les parties indirectement impliquées. Il peut s'agir de collègues, partenaires, clients, banquiers... concernés par le résultat de la discussion. La question se pose parfois de les associer car leur influence (notamment en cas d'insatisfaction) peut contribuer à maintenir une situation conflictuelle. L'équilibre entre impliquer tous les acteurs utiles et maintenir un niveau de complexité gérable (par le médiateur et les différents acteurs) peut être difficile à trouver. L'intégration de ces acteurs implique souvent une négociation car elle peut inquiéter, changer l'équilibre ou simplement dépasser le mandat du médiateur. Refuser systématiquement de les associer peut être dangereux, car cela revient à ne vouloir traiter qu'une partie du problème (qui donc demeure). Il faut aussi ajouter tous les autres tiers non médiateurs dont le rôle peut être très important : avocats, acteurs de la justice (juges, procureurs...), médecin du travail, inspecteur du travail, organisme de certification (normes ISO)... Certains seront suffisamment influents pour jouer un rôle (négatif ou positif), mais pas toujours concernés au point de vouloir ou devoir participer au processus. Avec l'accord de tous les intéressés, le médiateur peut alors établir des contacts informels en agissant en navette (voir p. 135).

Les émotions vives et les personnalités difficiles

Le cadre de la médiation doit permettre la gestion et la ventilation des émotions. Néanmoins, il se peut que certaines personnes ressentent des émotions trop vives (rentrées ou explosives) pour qu'un travail de médiation puisse se faire. Un autre accompagnement peut être nécessaire et permettra éventuellement d'envisager la médiation par la suite.

La médiation consiste en grande partie à travailler et recadrer les interrelations. Certaines interactions passées ont pu être si douloureuses et destructrices qu'une médiation apparaît parfois inenvisageable. Il convient alors de rechercher et attendre le moment approprié. La description des grandes étapes du deuil[1] d'Élisabeth Kubler-Ross peut aider le médiateur à se repérer.

- Au premier stade, lorsque tombe la mauvaise nouvelle ou le choc, il y a fréquemment un temps de *déni*. Comme chacune des étapes, ce temps peut être très court au point d'être imperceptible. C'est aussi bien le « oh non » face à une mauvaise nouvelle qu'une réfutation argumentée. C'est un moment particulièrement anxiogène. Il y a rejet.
- Au second stade, la mauvaise nouvelle est acquise mais elle provoque une réaction de *révolte* plus ou moins extériorisée. C'est le « pourquoi moi ? ». Il est possible d'observer l'alternance de comportements passifs, agressifs ou mixtes.

1. Le deuil est ici défini comme un processus d'adaptation aux différentes pertes qui surviennent dans la vie. Il peut s'agir d'un décès mais aussi d'un licenciement, d'une mutation, d'un changement de statut.

- Au troisième stade, la révolte alterne avec l'espoir et se traduit par des comportements de *marchandage*. L'individu recherche des solutions miraculeuses et propose toute concession ou promesse lui permettant d'espérer un retour à la situation perdue : je travaillerai dur, je veux bien diminuer mon salaire de 20 %...
- Au quatrième stade, la perte apparaît irrévocable et induit alors un état de *dépression*. La personne peut commencer à liquider ses émotions. C'est un moment de bilan où le support affectif est nécessaire. La recherche d'orientations, cette fois fondées sur la réalité, commence à apparaître.
- Au cinquième stade, la confiance et l'équilibre émotionnel tendent à être retrouvés. L'individu est dans un état d'*acceptation* qui lui permet d'envisager l'avenir et d'avoir des projets. C'est à partir du cinquième stade (parfois du quatrième) que la médiation apparaît envisageable. Auparavant, le postulat de la médiation qui implique d'avoir des individus raisonnablement rationnels et maîtres d'eux-mêmes, c'est-à-dire dans un état non pathologique, n'est pas satisfait.

Outre la patience et l'accompagnement, on sait peu de chose sur les déclencheurs permettant le passage d'une phase à une autre. Une étape peut ne jamais être franchie et ruiner la vie de quelqu'un. Un retour en arrière (entre les stades 4 et 1) est aussi possible si l'environnement envoie des signaux ambigus, contradictoires ou changeants (par exemple annoncer un licenciement puis laisser entrevoir une possibilité de reclassement, puis...). Le risque de ne pas en sortir devient alors plus grand. Sans faire de l'événement déclencheur quelque chose de souhaitable, le deuil peut dans certains cas aboutir à un enrichissement personnel et un élargissement des perspectives (par exemple quelqu'un qui après un licenciement trouve le courage de se lancer dans le métier qu'il avait toujours voulu faire sans avoir osé). La médiation peut y contribuer.

Au-delà des émotions vives, un autre aspect concerne les personnalités difficiles. Une personne peut être structurellement difficile ou simplement de manière temporaire ou contextuelle. La caricature des profils psychologiques décrits plus haut donne une idée de ce que peuvent être des personnalités difficiles. Une autre approche consiste à s'appuyer sur les troubles de la personnalité connus au niveau psychiatrique[1].

1. Le livre de François Lelord et Christophe André, *Comment gérer les personnalités difficiles*, Odile Jacob, 2000, offre une description à la fois ludique et claire de nombreuses personnalités difficiles ou pathologiques.

Des prolongements peuvent se faire entre l'une et l'autre des approches. Il n'appartient cependant pas au médiateur d'être dans une recherche de diagnostic et encore moins de thérapie. Être capable de nommer des difficultés ressenties avec une partie (et généralement aussi décrites par l'autre) peut aider à aller vers un apaisement (en n'insistant pas sur ce qui attise le feu) ou une orientation de la situation.

La dimension éthique et les limites de la médiation

La médiation est un moyen formidable de gérer des difficultés et d'enrichir les relations. Elle présente cependant des limites, éthiques ou pratiques, qu'il est bon de connaître. Le tableau ci-dessous s'appuie sur les principes fondamentaux de la médiation (voir p. 19) et leur oppose des limites rencontrées sur le terrain. Deux exemples de cas problématiques sont donnés ensuite.

➤ Des principes aux limites

Principe actif	Limites et contradictions
Liberté des parties	• La non-optimisation de l'accord. Ce peut être par exemple un accord fondé sur une information trop imparfaite ou une recherche de solution bâclée. Le manque d'information ou la restriction des pistes de solutions réduisent les choix possibles et donc la liberté des parties. Cependant, l'optimisation absolue d'une prise de décision est impossible. • Le rapport de force très inégal ou la manipulation. La persistance en médiation de rapports de force trop déséquilibrés, de dominations ou de manipulations restreint le libre arbitre • L'interdiction ou le droit d'ordre public. Le droit définit des restrictions à la liberté individuelle et donc des domaines qui n'ont en principe par leur place en médiation (souvent pour la protection des personnes ou d'intérêts collectifs). • L'instabilité juridique. La non-prise en compte d'une incertitude juridique (effet du droit de subrogation*, consolidation de dommages…) ne permet pas un consentement libre et éclairé. • Les conséquences néfastes pour un tiers. En dehors du droit de subrogation mentionné ci-dessus, il serait éthiquement gênant qu'une médiation se fasse aux dépens de personnes absentes (par exemple tomber d'accord pour accuser l'un des prestataires de tous les troubles alors que cela est inexact). Il s'agit donc d'une limitation du cadre.

☞

Principe actif	Limites et contradictions
	• La partialité ou non-neutralité du médiateur. • Les limites à la rationalité (voir p. 164). Une décision fondée sur une mauvaise appréciation ou une erreur pose des problèmes à la fois juridiques et éthiques car elle est une fausse liberté.
Adhésion des parties	• Médiation obligatoire ou résultant d'une pression. S'il est parfois nécessaire d'imposer un entretien préalable ou de mettre les parties face à une pression (par exemple judiciaire), ce n'est pas au médiateur de le faire et il n'est pas possible d'en rester là pour que le processus soit riche. Il faut ensuite « conquérir » l'adhésion des parties. • Adhésion superficielle ou de façade. Si l'une des parties participe à la médiation sans sincèrement chercher à avancer ou sans vraiment accepter les principes de la médiation, le processus risque d'être décevant et cela peut même aggraver la situation.
Responsabilité du Médiateur	• Utilisation de la médiation à d'autres fins (procédés dilatoires, arène d'affrontement…). Le médiateur a le devoir moral de mettre tout en œuvre pour que la médiation ne serve à autre chose que sa finalité, notamment aux dépens de l'un. • Ignorance par le médiateur des limites juridiques, éthiques, morales, contextuelles… à la liberté individuelles (voir plus haut)
Empathie	• Clientélisme (processus sans fin). Il y a parfois des parties qui reviennent ou se complaisent un peu trop en médiation. La béquille devient indispensable et ne permet plus de réapprendre à marcher. • Dépassement de compétence. L'empathie peut être donnée *a priori* par tout le monde et en (presque) toute situation. Il arrive cependant que l'on rencontre des histoires ou des troubles qui n'aient pas à être creusés en médiation (pathologie, complexité…). • Sympathie/Antipathie (non-neutralité). Chaque personne rencontrée, chaque histoire tend à éveiller de la sympathie ou de l'antipathie. Il convient ni de la nier (sinon cela devient inconscient) ni de la nourrir. Dans certains cas, il vaut mieux admettre que l'on ne peut pas être le médiateur.

☞

Principe actif	Limites et contradictions
Neutralité – Impartialité	• Sentiment d'équité du médiateur. Que peut faire le médiateur si le résultat ou la situation lui semble profondément inéquitable mais que tout le monde semble s'en contenter ? • Exigences du ou des mandants. Que peut faire le médiateur lorsque son mandant (juge, procureur) ou son employeur lui demande de donner un avis ou rendre un rapport détaillé (voir p. 144) ? • La coexistence d'un rôle de médiation et d'un rôle de rappel à l'ordre ou de décision. • La dépendance économique ou institutionnelle du M. Si le succès ou la réalisation d'une médiation a un impact significatif sur le devenir du médiateur, comment peut-il être neutre ?
Confidentialité	• Limites juridiques, contractuelles ou morales. Le cadre d'intervention du médiateur permet-il de promettre une absolue confidentialité ? Que faire alors si l'une des parties vous avoue chercher à piéger l'autre ? Que faire encore si vous découvrez des agissements interdits et punis par la loi ?
Non-directivité	• Pouvoir inconscient. Le pouvoir du médiateur peut être très fort sans qu'il ne s'en rende compte (ni même les parties). Chacune de ses interventions peut être interprétée comme une manière d'encourager, de cautionner, d'interdire… • Refus explicite ou implicite d'une partie de négocier. Dans ce cas le médiateur n'est pas reconnu (attendu) dans son rôle et peut être tenté d'être plus directif (mise en avant des conséquences de la non-médiation par exemple). Mais jusqu'où est-il encore médiateur ?

* Les assureurs (mais aussi la sécurité sociale) récupèrent automatiquement les droits de recours de leurs assurés après indemnisation. Ils peuvent décider de ne pas les exercer (montant trop faible), mais toute entrave à ce droit (notamment de la part de l'assuré) peut être sujette à poursuites. Autrement dit, un individu peut tout à fait, en médiation, pardonner une blessure subie à la suite d'une bagarre, et même obtenir des compensations de son préjudice éventuel. Il ne peut légalement en aucun cas garantir que la sécurité sociale ne poursuivra pas l'auteur, ni maquiller les faits (en accident) au profit de ce dernier. Il risquerait à son tour des poursuites.

➤ Deux exemples de cas limites

Médiation et escroquerie à l'assurance

Un commerçant et son client se sont bagarrés dans un magasin suite à un désaccord commercial qui a mal tourné. Ils sont responsables (dans des proportions incertaines) de 1 000 € de dégâts qui, compte tenu des circonstances, ne sont pas couverts par l'assurance. Rien n'a encore été déclaré. Après s'être expliqués, ils réalisent qu'ils s'en tireront à meilleur compte en déclarant les dégâts comme accidentels (le client a trébuché). Que fait le médiateur ?

Suggestion :

Ce cas pose le problème du droit de subrogation (voir au bas de la page précédente). La clause de conscience permet au médiateur de se retirer et ainsi de ne pas cautionner l'accord. Il le fera en les alertant sur le risque en cas de poursuite dans ce sens. Cette situation ne justifie en revanche pas que le médiateur rompe son engagement de confidentialité.

Médiation et abus du lien de subordination

Un employé (Pierre) a accidentellement blessé un collègue (Paul) en déplaçant une barre de bois (une dent cassée et plusieurs jours d'arrêt de travail). L'employeur en profite pour licencier Pierre (pour solder d'autres différends) et exige de Paul qu'il porte plainte pour agression (ce que ce dernier fait sous la menace de perdre son emploi). En médiation (dans un cadre pénal), Paul reconnaît que c'était un accident mais explique qu'il doit maintenir sa plainte (et la version des faits correspondante) car sinon il perdra son emploi. Pierre est par ailleurs au chômage et risque d'être débouté aux Prud'hommes si la thèse de l'agression est confirmée. Que fait le médiateur ?

Si vous avez une suggestion satisfaisante pour ce cas, merci de me l'envoyer… Il est bien sûr possible de travailler les raisons qui poussent Paul à maintenir sa version officielle et voir comment le protéger… Cela peut nécessiter d'être plus interventionniste que ce que prévoit la médiation (utiliser des ressources pour protéger Paul afin qu'il parle). Mais s'il persiste, le médiateur risque d'être témoin impuissant d'une injustice.

…/…

Perspectives pour la médiation – Vers les systèmes internes et graduels de gestion des conflits

La découverte de la posture de manager médiateur d'une part, et du rôle de la médiation dans les différends interentreprises d'autre part, doit logiquement conduire à considérer la dimension gestion des conflits et négociation dans son ensemble. Cela peut se traduire par une direction ou une coordination spécifique regroupant les services du contentieux, la partie relations sociales des RH, le management stratégique... Il s'agirait de penser pour l'organisation et l'ensemble des relations (internes ou externes) un système global de négociation et gestion des conflits. L'enjeu est d'éviter les coûts des conflits larvés comme des conflits ouverts, de saisir le potentiel de créativité derrière les désaccords, de préserver et construire des relations interpersonnelles saines...

Un tel système va évidemment bien au-delà du recours à la médiation. Il doit être graduel et diversifié. En fonction de l'état d'une situation, de nombreuses réponses sont possibles : expertise, négociation, arbitrage hiérarchique, concertation, médiation, formation, enquête interne, assistance personnelle ou technique, procédure judiciaire... Il s'agit de favoriser le dialogue direct et la prévention pour n'envisager le contentieux qu'en dernier recours. Privilégier le dialogue direct est essentiel au moins à un double titre : préserver l'autonomie et la crédibilité des acteurs (1), préserver la responsabilisation (2). En ce qui concerne le premier point, il serait dommageable, pour l'entreprise comme pour le fonctionnement du système de gestion des conflits, qu'un recours signifie l'échec des acteurs naturels. Le second point, la responsabilisation, vise à éviter que ce système serve de poubelle, d'espace pour « refiler des singes ».

Même en Amérique du Nord, de tels systèmes globaux sont rares bien que suscitant un intérêt croissant. Les procédures de gestions des conflits individuels ou collectifs du travail sont monnaie courante, mais c'est en grande partie pour pallier l'absence de l'équivalent des Prud'hommes, du code du travail français[1] ou de l'implication gouvernementale sur les négociations collectives. Ce sont plutôt des entreprises

1. Le code du travail américain représente environ un tiers du volume de celui de la France.

de taille moyenne qui pour le moment ont franchi l'étape supplémentaire que cela implique. De grandes institutions ont mis en place des systèmes qui se rapprochent de cette perspective : La Banque Mondiale (*Conflict Resolution System* depuis 1999, 20 ans après son premier médiateur interne en titre), Shell (le programme *Shell Resolve*), General Electric (*Early Dispute Resolution System*), Polaroïd… Au Canada, plusieurs départements du gouvernement ont mis en place un véritable système global de gestion des conflits (dont la défense nationale). La *Transportation Security Administration* (TSA, 55 000 employés dont les aiguilleurs du ciel) s'est structurée de la sorte.

De nombreuses initiatives dans le paysage français constituent différents morceaux de ce puzzle stratégique (car le conflit est un coût mais aussi une ressource potentielle). De nombreuses banques et assurances ont placé un tiers impartial en recours ultime de leur service clientèle. Les situations de harcèlement moral conduisent à recourir à des médiateurs extérieurs. Les litiges commerciaux peuvent se régler par des voies amiables non judiciaires prévues dès le contrat : arbitrage, médiation, expertise… Des consultants sont engagés pour favoriser la collaboration au sein des équipes. Des formateurs sont appelés pour sensibiliser sur la coopération et les méthodes de management. Tout cela pourrait déjà être coordonné car un même objectif est visé. La coordination de ces efforts permettrait une cohérence et des synergies permettant d'accroître encore les bénéfices (économiques, humains, organisationnels) de ces dispositifs. L'ambition serait que tout conflit, toute négociation et donc toute relation de travail puisse être accompagnée d'une manière appropriée, si nécessaire. On pourra se référer à Poitras et Ladouceur (2004) pour aller plus loin sur la question des systèmes de gestion des conflits (voir bibliographie).

Un dernier mot

La médiation est un magnifique outil d'intelligence dans les relations humaines. Tout cela est cependant fragile. De nouveaux dispositifs ou actions de médiation professionnelle émergent régulièrement pendant que d'autres disparaissent malgré les bénéfices apportés. Il y a que cela repose encore souvent sur l'initiative d'un seul. Il y a surtout que dans son effort perpétuel de responsabilisation des acteurs, le médiateur professionnel travaille à son propre départ. Enfin, la médiation par les professionnels est une démarche discrète, voire secrète, et ses usagers en parlent peu.

C'est pourquoi, plus que jamais, il nous semble que le développement de la médiation en entreprise repose sur les managers. Ils y trouvent dans leur pratique de manager médiateur une manière de concilier leur position de manager opérationnel et le pilotage administratif/stratégique. Différents éléments peuvent par ailleurs susciter des dispositifs internes de médiation : plaintes pour harcèlement, arrêts maladie, rotation excessive du personnel… souvent symptômes de mal-être au travail et de conflits. Loin de concurrencer l'activité des médiateurs professionnels, ces pratiques de médiation internes peuvent contribuer à la faire connaître et favoriser une orientation pour les situations pertinentes. Le point commun entre toutes ces pratiques de médiation est la nécessité d'une rigueur quant à la pratique (et ses limites), ce qui passe par une remise en cause perpétuelle.

La formation des médiateurs, puis le retour sur leurs pratiques (analyse de pratique, supervision, lectures…) sont indispensables pour que les médiateurs, qu'ils agissent en titre ou non, s'inscrivent dans une telle démarche. Des questions intimes et subtiles peuvent alors émerger : quelle est la signification du désir d'être médiateur ? quelles projections de soi est-ce que cela peut cacher ? Ne vaudrait-il pas mieux parfois, selon l'adage, balayer devant sa porte avant de s'occuper des autres ? En se considérant non pas comme un héros pacificateur mais comme acteur faillible et curieux, le médiateur peut aussi se découvrir davantage mais aussi apprendre à partir du vécu des autres.

À travers ces pages, c'est dans cet esprit que j'ai cherché à montrer le potentiel et la méthodologie de la médiation mais aussi à justifier les principes dans la conscience des limites de l'action. Tout cela s'applique bien entendu à ce livre et à son auteur. Comme je le mentionnais en introduction, les connaissances et les modèles de médiation ne sont pas figés ou absolus et la place de la médiation en entreprise reste encore à être précisée. Les remarques, critiques, suggestions ou témoignages des lecteurs sont donc les bienvenus et peuvent se faire en écrivant à l'auteur par courrier électronique (arnaud.stimec@laposte.net).

Bibliographie sélective

COMME toute bibliographie sélective, notre sélection porte ses carences et son arbitraire. Nous avons cherché à privilégier les titres en français, mais certains livres étrangers n'ayant pas d'équivalent ont été intégrés. La plupart des ouvrages cités sont accompagnés d'un bref commentaire, qui justifie à nos yeux leur intérêt et leur place dans cette bibliographie. Un astérisque (*) signale les livres incontournables. Des mises à jour ainsi que des articles spécialisés sont proposés sur le site : *www.re-for-me.org*

➤ Conflits et gestion des conflits (généralités)

BEAUVOIS R.V. & JOULE J.-L., *Petit traité de manipulation à l'usage des honnêtes gens*, Grenoble, Presses Universitaires de Grenoble, 1987.

☞ **Pour mieux comprendre certains mécanismes de manipulations parfois présents dans les conflits**

COSER L., *Les Fonctions du conflit social*, Paris, PUF, 1982.

☞ **Un des piliers de la sociologie du conflit**

COSTANTINO C.A. & MERCHANT C.S., *Designing Conflict Management Systems*, San Francisco, Jossey Bass, 1995.

☞ **Pour une vision globale des moyens de gérer les conflits organisationnels**

FREUND J., *Sociologie du conflit*, Paris, PUF, 1983.

☞ **L'ouvrage de référence et de synthèse de la sociologie du conflit**

GIRARD R. *La Violence et le Sacré*, Paris, Hachette/Pluriel, 1995 (1972 pour la 1re édition) ; *Des Choses cachées depuis la fondation du monde*, Paris, Le Livre de Poche, (1978).

☞ **À travers ces deux ouvrages, une exploration passionnante des fondements de la violence, du conflit et des sociétés**

LORENZ K., *L'Agression*, Paris, Flammarion, 1969.

☞ **Ouvrage fondateur de l'éthologie, particulièrement stimulant pour la connaissance de l'être humain**

POITRAS J., LADOUCEUR A., *Systèmes de gestion des conflits*, Cowansville (Québec), Yvon Blais, 2004.

(*) RUBIN J.Z., PRUIT D.G., KIM S.H., *Social Conflict : Escalation, Stalemate, and Settlement*, New York, Mc Graw Hill, 1994 (1986 pour la 1re édition).

☞ **Probablement la meilleure synthèse théorique sur le sujet**

SIMMEL G., *Le Conflit*, Paris, Circé1995 (1901 pour la 1re édition).

☞ **Une réflexion moderne d'un grand sociologue et philosophe sur le conflit**

WAAL (de) F., *Peacemaking among Primates*, Cambridge (USA), Harvard University Press, 1996 (1990 pour la 1re édition).

☞ **Où l'on apprend que les singes ont des comportements subtils de négociation ET de médiation. Sur certains aspects, il s'agit aussi d'une actualisation du livre de Lorenz**

➤ Médiation (généralités)

BONAFÉ-SCHMITT J.-P., *La Médiation, une justice douce*, Paris, Syros-Alternatives, 1992.

☞ **Un des livres fondateurs, avec un regard particulier sur la médiation comme « alternative » au droit**

(*) BONAFÉ-SCHMITT J.-P., DAHAN J., SALZER J., SOUQUET M., VOUCHE J.-P., *Les Médiations, la médiation*, Ramonville, Érès, 1999.

☞ **Pour avoir un panorama de la médiation familiale, scolaire, sociale et pénale, et en entreprise**

BONO (de) E., *Conflits – La médiation constructive*, Interéditions, 1988.

☞ **Contrairement à ce qu'indique le titre (traduction française) il n'est pas question de médiation mais d'une analyse stimulante des mécanismes du conflit**

FAGET J., *La Médiation : essai de politique pénale*, Ramonville, Érès, 1997.

☞ **Une réflexion philosophique et sociologique fine sur la place et le sens de la médiation dans le système judiciaire**

FOLGER J.-P. & JONES T.R., *New Directions in Mediation : Communication Research and Perspectives*, Newbury Park (USA), Sage, 1994.

☞ **Un livre fondamental pour compléter les approches rationalistes de la médiation ou comment intégrer le facteur humain d'une manière appropriée**

GUILLAUME-HOFFNUNG M., *La Médiation*, Paris, PUF, « Que sais-je », 1995.

☞ **Un panorama de la médiation**

KOLB D.M., *The Mediators*, Cambridge, MIT Press, 1983.

☞ **L'un des livres piliers permettant notamment de distinguer médiation et conciliation dans une perspective historique**

KRESSEL K., PRUIT D.G. (dir.), *Mediation Research*, San Fransisco, Jossey Bass, 1989.

LASCOUX J.-L., *Pratique de la Médiation*, ESF, Paris, 2000.

☞ **Une initiative rare de compilation de recherches sur la médiation**

LE ROY E., « La médiation mode d'emploi », *Droit et Société*, n° 29, 1995.

☞ **Une position anthropologique sur la médiation**

(*) MOORE C.W., *The Mediation Process*, San Francisco, Jossey-Bass, 2002 (1996 pour la 1re édition).

☞ **L'un des manuels américains les plus complets**

NAULIN G., *Prévention et Résolution des conflits du travail*, « Avis et Rapports du conseil économique et social », Les éditions des Journaux Officiels, 1998.

☞ **Pour mieux comprendre les tentatives de gestion des conflits et de médiation en entreprise**

SIX J.-F., *Le Temps des médiateurs*, Paris, Le Seuil, 2001 (1990 pour la 1re édition).

☞ **Malgré un discours peu médiateur (en particulier l'ajout sur la version 2001), ce livre, qui a fait figure de pionnier, apporte une réflexion utile et encore stimulante**

TOUZARD H., *La Médiation et la résolution des conflits*, Paris, PUF, 1977.

☞ **Peut-être le premier ouvrage français sur les processus de médiation ; il apporte une excellente synthèse des connaissances nord américaines de l'époque et de leur implication en France**

URY W.L., BRETT J.-M., GOLDBERG S.B., *Getting Disputes Resolved*, San Francisco, Jossey-Bass, 1988.

☞ **Un compte rendu de recherches actions où la médiation a été introduite comme moyen de règlement des conflits du travail.**

➤ La négociation

DUPONT C., *La négociation : conduite, théorie, applications*, Paris, Dalloz, 1994.

☞ **Une synthèse très complète des théories de la négociation.**

(*) FISCHER W. & URY R., *Comment réussir une négociation*, Le Seuil, Paris, 1982.

☞ **Le best-seller de la négociation et désormais ouvrage de référence**

GHAZAL M., *Mange ta soupe et tais-toi !*, Paris, Le Seuil, 1992.

☞ **Application de la négociation et de la médiation à la famille**

LAUNAY R., *La Négociation*, Paris, ESF-EME, 1990.

LAX D.A. & SEBENIUS J.K., *Les Gestionnaires et la négociation*, Paris, éditions Gaëtan Morin, 1995.

ROJOT J., *La Négociation*, Paris, Vuibert, 1994.

☞ **Une très bonne synthèse entre théorie et pratique, sans tomber dans la recette ni noyer le lecteur dans de multiples théories.**

STIMEC A., *La Négociation*, Paris, Dunod, 2005.

STONE, PATTON & HEEN, *Comment mener les discussions difficiles*, Paris, Le Seuil, 2001.

URY W., *Comment négocier avec les gens difficiles*, Paris, Le Seuil, 1998.

➤ Créativité

BONO (de) E., *La Boîte à outils de la créativité*, Éditions d'Organisation, 2004.

BRABANDERE L., MIKOLAJCZAK A., *Le Plaisir des idées*, 2e éd., Dunod, 2004.

DRU J.M., *Disruption*, Village Mondial, 2003.

GAVRILOFF I., JARROSSON B., *Une fourmi de 18 mètres… ça n'existe pas*, 2e éd., Dunod, 2006.

Index

050766-(I)-(1,5)-OSB 100°-TYP-API

STEDI MEDIA, 1, boulevard Ney, 75018 Paris
Dépôt légal, Imprimeur, n° 9070
Dépôt légal : avril 2007
Dépôt légal de la première édition : février 2004
Imprimé en France